大学生创新创业教育理论与实践研究

黄妩　林佳　著

中国纺织出版社有限公司

图书在版编目（CIP）数据

大学生创新创业教育理论与实践研究 / 黄妩，林佳
著. -- 北京：中国纺织出版社有限公司，2024.6.
ISBN 978-7-5229-1995-9

Ⅰ. G647.38

中国国家版本馆 CIP 数据核字第 2024ZK4535 号

责任编辑：张　宏　　责任校对：高　涵　　责任印制：储志伟

中国纺织出版社有限公司出版发行
地址：北京市朝阳区百子湾东里 A407 号楼　邮政编码：100124
销售电话：010—67004422　传真：010—87155801
http://www.c-textilep.com
中国纺织出版社天猫旗舰店
官方微博 http://weibo.com/2119887771
天津千鹤文化传播有限公司印刷　　各地新华书店经销
2024 年 6 月第 1 版第 1 次印刷
开本：710×1000　1/16　印张：11
字数：200 千字　定价：98.00 元

凡购本书，如有缺页、倒页、脱页，由本社图书营销中心调换

前　言

在当今快速发展的社会背景下，大学生创新创业能力的培养已成为高等教育中备受关注的重要议题。《大学生创新创业教育理论与实践研究》旨在全面深入地探讨大学生创新创业教育，揭示其内在规律，为推动大学生创新创业能力的提升提供理论支持和实践指导。

大学生创新创业教育的重要性在于培养学生具备创新思维、创业精神和实际操作能力，使他们能够在不断变化的社会环境中脱颖而出。随着科技不断发展和全球化的推进，创新创业不仅仅是一种经济行为，更是一种思维方式和综合素养的体现。因此，深入研究大学生创新创业教育理论与实践，对于促进社会创新力、提升国家竞争力具有重要意义。

本研究将从研究背景与意义、研究目的与意图、研究范围与限制等方面展开，着眼大学生创新创业教育的多层面探讨。通过对国内创新创业教育发展历程、特点与挑战的剖析，以及大学生创新创业心理、认知特点的深入解析，全面揭示了大学生创新创业教育的底蕴和亟待解决的问题。

理论方面，本研究将回顾与总结相关教育理论，分析创新创业教育理论模型，深入挖掘大学生创新创业心理与认知特点，为搭建创新创业教育理论框架提供理论基础。在此基础上，本研究深入实践，剖析大学生创新创业教育的实践模式，评估各种创新创业实践对学生能力培养的影响，并对大学生创新创业教育的现状进行全面研究与分析。

最终，通过对大学生创新创业教育的课程设计与实施、评价指标体系的构建以及未来发展趋势的探讨，本研究将为提高大学生创新创业能力提供有益的建议和指导。力图为创新创业教育领域的学术研究和实践应用提供深入思考与全面解决方案，促进大学生在日益激烈的竞争中具备更强的创新创业能力。

黄 妩

2023 年 12 月

目 录
CONTENTS

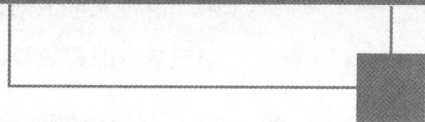

第 一 章

引 言

第一节　研究背景与意义

一、大学生创新创业教育的重要性

（一）创新创业能力的核心价值

大学生创新创业教育如今已成为高等教育领域的焦点话题。其核心使命在于培养学生的创新创业能力，这不仅是为了迎合市场对人才的需求，更是为了赋予学生在未来职业生涯中具备独立思考、解决问题和创造价值的全面能力。创新创业能力的培养不仅仅是职业发展的一部分，更体现了教育的社会责任感和时代担当。通过创新创业教育，大学生将不再仅仅是传统职业的从业者，而是具备领导力和创造力的综合型人才。

在当今快速发展和高度竞争的社会环境中，创新创业能力成为人才培养的核心价值。培养这一能力不仅有助于满足市场对高素质人才的需求，而且有助于教育机构履行社会使命。创新创业能力的培养，不仅强调理论知识的传递，更注重学生在实际问题中运用知识、提出创新性解决方案的能力。这种能力的培养过程，涵盖了从思维方式、团队协作到实际操作等多个层面，使学生能够更加全面、灵活地应对各种职场挑战。

创新创业能力培养的意义还体现在社会责任感和时代担当的角度。通过将学生塑造成具备领导力和创造力的人才，教育机构不仅为学生个体的发展提供了更广阔的空间，也为社会注入了更多活力和创新力。这种培养不仅关注学生在职场上的成功，更注重他们对社会的贡献，使他们成为推动社会进步和发展的重要力量。

因此，大学生创新创业教育的重要性已远远超出了传统教育范畴，而成为当今高等教育领域不可忽视的命题。

（二）国家创新力与竞争力的关键因素

大学生作为国家未来的建设者和领导者，其创新创业能力直接关系到国家的创新力和竞争力。在当今全球化的背景下，国家之间的相互竞争已经不再局限于传统的产业领域，更加凸显在科技创新和人才培养的领域。因此，大学生创新创业教育被视为提升国家创新力、增强国际竞争力的战略工具，并且具有战略性的重要性。

国家创新力的关键因素之一就是大学生创新创业能力的培养。随着科技和知识经济的崛起，国家的繁荣和可持续发展越来越依赖于创新。大学生作为社会中最具活力和创造性的群体，其创新创业能力的培养直接关系到国家创新力的提升。通过为大学生提供创新创业教育，国家能够激发年轻一代的创造潜力，培养他们独立思考和解决问题的能力，从而为国家的科技创新注入新的动力。

与此同时，大学生创新创业教育也是提高国家国际竞争力的重要因素。在全球化时代，国家之间的竞争更加激烈，不再局限于经济层面。科技创新和人才储备成为决定国家竞争力的核心要素。通过注重大学生创新创业教育，国家能够培养具备国际竞争力的高层次人才，吸引和留住全球领先的科技创新人才，从而使国家在国际舞台上更具影响力。

因此，大学生创新创业教育作为提升国家创新力与竞争力的关键因素，不仅有助于激发国家的内在创造潜能，更能够在国际舞台上展现出国家的软实力。国家未来的繁荣与发展需要依托年轻一代的创新能力，而大学生创新创业教育正是塑造具备这种能力的未来领导者的有效途径。因此，将创新创业教育视为国家战略发展的关键组成部分，对于国家整体发展具有深远而战略性的重要意义。

二、当前社会对大学生创新创业能力的需求

（一）社会对创新创业能力的紧迫需求

随着全球经济的不断发展和科技的飞速进步，社会对大学生创新创业能力提出了更为迫切的需求。传统产业的转型升级、新兴产业的崛起以及科技创新的推动使创新创业成为推动社会进步的关键力量。在这个快速发展的时代，社会不仅要求大学生具备传统专业知识，更要求其能够在不确定性和复杂性的环境中灵活应对问题。大学生创新创业教育的紧迫性在于培养学生具备适应未来社会发展需

求的能力，从而更好地满足市场对高素质人才的迫切需求。

1. 创新不再仅仅是科技领域的追求

过去，创新主要集中在科技和工程领域，然而，随着社会结构的变革和经济的多元化，创新的范畴已经扩展到了社会管理、文化艺术、服务业等多个领域。大学生不仅需要具备专业技能，更需要具备创新思维和跨领域的综合能力。这种全面发展的创新创业能力已经成为社会对大学生的迫切需求。

2. 影响社会的创新能力和经济的可持续发展

社会对大学生创新创业能力的需求直接关系到整个社会的创新能力和经济的可持续发展。创新创业能力强的大学生能够在各个领域中不断推动新理念、新技术和新业务模式的产生，从而为社会注入新的活力。同时，这些创新创业者将成为未来社会的领导者和推动者，对社会的创新环境和经济的可持续发展起到关键作用。

（二）创新创业能力的跨学科需求

当前，创新创业能力的需求已不再局限于特定学科领域。社会期待大学生具备一种跨学科、跨领域的综合能力，能够灵活应对多样化的工作和生活场景。大学生创新创业教育不仅仅需要注重传授专业知识，更需要强调跨学科的综合性培养，使学生能够在不同领域中发挥创造力和创新思维。

1. 跨学科的综合性培养

随着知识的不断积累和交叉，专业领域之间的边界变得模糊。大学生创新创业能力的培养需要涉足多个学科领域，融合不同领域的知识和技能。这种综合性培养有助于培养学生更加全面的创新能力，使其能够快速融入跨学科的合作中并提供创新性思考。

2. 在多样化场景中的灵活应对

创新创业能力的跨学科需求不仅仅注重专业知识，更关注学生在不同场景中的灵活应对能力。社会对大学生的期望是，他们不仅是特定领域的专业人才，更是能够在复杂多变的社会环境中灵活运用知识、思维和技能，从而提供创新解决方案的创新型人才。

第二节 研究目的与意图

一、确定研究的核心目标

（一）深入探讨大学生创新创业教育的理论与实践

在当前大学生创新创业教育日益受到社会重视的背景下，本研究的首要目标是全面深入地探讨大学生创新创业教育的理论与实践。这一目标包含以下两个方面的内容：

1. 理论基础的系统梳理

通过对国内外文献的系统综述，我们将梳理创新创业教育领域的理论基础，深入挖掘其中的核心概念和关键因素。这将为本研究提供理论支持，同时为学术界和教育从业者提供对创新创业教育理论体系的全面了解。

2. 实践场景的深入观察

为了确保理论研究的实际性和可操作性，我们将深入实际教育场景，采用观察、访谈和调查等多种研究方法，获取关于大学生创新创业实践的丰富数据。这有助于将理论研究与实际教育情境相结合，使本研究更具实践指导性。

（二）剖析大学生创新创业教育的内在机制和发展规律

本研究的核心目标之一是剖析大学生创新创业教育的内在机制和发展规律。其包括以下两个关键方面：

1. 教育对学生能力培养的实际影响

通过对成功案例和失败案例的对比分析，我们将探讨创新创业教育对学生能力培养的实际影响。这将有助于深刻理解教育的有效性，并为优化教育模式提供实证支持。

2. 关键环节和影响因素的揭示

通过深入剖析教育过程中的关键环节和影响因素，我们将揭示影响创新创业教育效果的内在机制。这有助于为教育从业者提供有针对性的改进建议，以提高教育的实际效果。

（三）为未来创新创业教育提供理论支持

本研究最终目标是为未来创新创业教育提供理论支持，推动该领域朝着更加科学、实用和可持续的方向发展。这包含以下两个方面：

1. 理论的整合和创新

通过对已有理论的整合和创新，我们将提出更加系统和有效的教育模式。这有助于为未来教育提供更为科学的理论基础，同时为实践工作者提供可操作的指导。

2. 未来发展方向的指引

通过对当前研究的总结和对未来趋势的分析，我们将为创新创业教育的未来发展方向提供指引。这有助于决策者更好地制定政策和推动创新创业教育的可持续发展。

二、阐明研究的意义及其影响

（一）深刻理解大学生创新创业教育的内涵

深刻理解大学生创新创业教育的内涵是本研究的核心任务，其具有重要的理论和实践意义。创新创业教育并非仅仅是知识传递的简单过程，更是一种全面培养学生综合素质的系统工程。通过对其进行深度挖掘，我们可以揭示创新创业教育的核心要素，其中包括但不限于培养创新思维、激发创业精神、提升团队协作能力等关键特征。

首先，创新创业教育旨在培养学生的创新思维。这不仅仅是对特定知识领域的熟悉，更是对问题的独立思考和解决能力的培养。通过对理论深度挖掘，我们将探究如何在教育过程中引导学生超越传统思维定式，激发他们对问题的创造性思考，使其具备面对未知挑战的能力。

其次，创新创业教育致力于激发学生的创业精神。这不仅仅是培养一种商业头脑，更是培养学生面对风险、迎接挑战的胆识和勇气。通过对实践案例的详尽分析，我们将深入了解不同创业模式下学生的实际表现，借助于分析成功案例和失败案例，为学生提供切实可行的创业经验。

最后，创新创业教育还注重提升学生的团队协作能力。在实际创新创业过程中，团队协作是至关重要的因素。通过对实践案例的深入研究，我们将分析不同团队合作模式的成效，总结成功的团队经验，为教育者提供指导，使学生更好地适应团队合作的现实需求。

深刻理解大学生创新创业教育的内涵，既涉及对理论层面的深入挖掘，又包含对实践案例的细致分析。这将为未来教育实践提供理论指导，使创新创业教育更加贴合学生的需求，更好地促使学生培养创新创业能力，全面提升其综合素质。

（二）为相关政策制定、课程设计、实践模式构建提供参考

通过对研究结果的深入解读，本研究将为相关政策制定、课程设计、实践模式构建提供重要参考。深刻理解大学生创新创业教育的内涵有助于提炼出科学合理的教育理念和教育方法，为各层面的教育工作者提供具体可行的指导。

在政策方面，我们将基于对创新创业教育深入认识的基础上，为政策制定者提供更为具体、有针对性的建议。这包括在法规和政策框架内对创新创业教育的优化调整，激发学校和教育机构在创新创业教育方面的积极性，以及鼓励对创新创业实践项目的支持。

在课程设计方面，通过对不同课程设计的分析，我们将总结出成功的教学模式和方法，为教育者提供具体的教学建议。这包括科学合理的课程设置，理论与实践的结合，以及创新教学手段等。

在实践模式的构建方面，我们将通过对不同实践模式的详尽分析，总结出成功的实践经验和教训。这有助于为未来的创新创业实践提供更为有效的指导，同时促进学生更好地将理论知识转化为实际能力，以提升其创新创业素质。

通过对研究结果的深入解读，本研究将为创新创业教育相关领域提供具体、实用的建议，为政策制定、课程设计和实践模式的构建提供有益的参考，以推动大学生创新创业教育事业的全面发展。

（三）阐明创新创业教育对培养学生创新创业能力的积极影响

首先，创新创业教育对培养学生的创新思维方式具有积极作用。在理论分析中，我们将深入挖掘创新创业教育如何引导学生超越传统思维定式，激发他们对问题的创造性思考。通过实证研究，我们将对参与创新创业教育的学生进行跟踪调查，分析其在创新思维方面的变化。研究结果有望揭示创新创业教育在拓展学生思维边界、培养创新意识和开放性思维方面的积极影响。

其次，创新创业教育将对学生实际操作能力的培养产生积极效果。通过理论分析，我们将探讨创新创业教育如何通过项目实践、实习机会等方式，提升学生的实际操作水平。实证研究将深入分析参与创新创业教育的学生在实际项目中的

表现，关注其团队协作、问题解决和创新实践等方面的能力变化。通过这一研究，我们有望全面了解创新创业教育对学生实际操作能力方面的积极促进作用。

再次，创新创业教育可能对学生的创业意愿和实际创业行为产生积极影响。在理论分析中，我们将研究创新创业教育如何在培养学生创业精神、提高创业自信心等方面发挥作用。实证研究将关注参与创新创业教育的学生在毕业后的创业倾向和实际创业行为。研究结果有望展示创新创业教育在激发学生创业热情、降低创业风险等方面的实质性贡献。

最后，通过深入研究，本研究将对创新创业教育对培养学生创新创业能力的积极影响进行全面梳理。这有助于为创新创业教育的价值和必要性提供充分的实证支持，为教育决策者提供科学依据，推动更广泛、更深入的创新创业教育实践，为培养更具创新创业能力的未来人才做出贡献。

第三节　研究范围与限制

一、研究的具体范围

（一）创新创业教育的理论基础

首先，创新创业教育的理论基础之一是创新理论。创新理论涵盖了创新的定义、类型、影响因素等多个方面，为创新创业教育提供了理论指导。通过深入研究创新理论，我们能够理解创新不仅是技术领域的创造，还包括商业模式、管理方法等多个层面的创新。同时，我们将关注创新理论中关于创新过程、组织创新和市场创新的相关观点，以构建创新创业教育的理论框架。

其次，创业管理理论是支撑创新创业教育的另一重要理论基础。创业管理理论涵盖了创业的各个阶段，包括创业机会识别、创业过程管理、创业团队建设等方面的内容。通过对创业管理理论的深入研究，我们能够了解创业者在实际操作中面临的挑战和应对策略，为大学生提供创业教育的实践指导。关注创业管理理论中有关创业环境、创业战略和创业绩效等方面的观点，有助于构建创新创业教育的全面理论体系。

再次，教育心理学是创新创业教育理论基础的重要组成部分。通过深入研究教育心理学理论，我们能够了解学生在创新创业教育中的认知、情感和行为等心理过程。关注学习动机、学习风格、教学策略等方面的理论观点，有助于制订更为有效的创新创业教育策略，提升学生的学习体验和成效。

最后，通过系统梳理以上理论框架，本研究将揭示创新创业教育的理论脉络。第一，我们将呈现这些理论在创新创业教育中的相互关系和综合应用。第二，我们将强调理论在实际教育环境中的指导作用，为教育实践提供理论支持。第三，通过深入理解创新创业教育的理论基础，我们将为未来的研究和实践提供坚实的理论基石。

（二）国内外发展历程

首先，国内大学生创新创业教育的发展历程表现出显著的阶段性特征。随着中国社会经济的不断发展，我国高等教育逐渐开始注重培养学生的创新创业能力。早期，大学生创新创业教育主要以课程设置为主，强调学科知识的传授。近年来，国内高校逐渐从注重知识传授向强调实践能力培养转变，积极推动创业实践基地和创业孵化器的建设，为学生提供更为实际的创业环境。这一阶段性演变反映了我国创新创业教育的发展动态。

其次，国外大学生创新创业教育的历程较为成熟，形成了多元化的发展模式。在欧美等发达国家，早在几十年前，大学生创新创业教育就已经开始受到高度重视。这些国家注重培养学生的创新思维、实践能力和团队协作精神，通过跨学科合作和产学研结合，构建了丰富多彩的创新创业教育体系。他们的经验在课程设置、实践环境建设、创新项目管理等方面为我国教育提供了借鉴。

再次，发展历程中关键节点的经验总结对于我国创新创业教育的深化具有积极意义。通过对国内外发展历程中成功经验和教训的总结，我们可以挖掘出创新创业教育的核心要素、关键成功因素，为我国的教育决策者和教育从业者提供有针对性的经验借鉴。这有助于我国更加迅速、有效地推动创新创业教育的进程。

最后，通过对发展历程的深入剖析，我们将形成对国内外大学生创新创业教育发展的全局性认识。这一综合性认识将有助于我们更好地了解创新创业教育的演变规律，为我国创新创业教育的未来发展提供战略性的指导。

（三）学生创新创业心理与认知特点

首先，大学生创新创业教育中学生的心理特点表现为对未知领域的好奇心和求知欲。大学生处于对学科知识广泛接触的阶段，对新事物有强烈的好奇心和求知欲。这种心理特点为创新创业教育提供了良好的心理基础，同时要求教育者在课程设计中注重激发学生的学科兴趣，引导他们主动探索。

其次，大学生在创新创业过程中表现出的心理特点包括对风险的不同接受度。在创业过程中，学生可能面临未知的风险和不确定性，因而对风险的接受度存在个体差异。一些学生可能更愿意冒险尝试，而另一些学生可能更为谨慎。理解学生的这一心理差异将有助于教育者更好地制订培养计划，帮助学生树立正确的创新创业心态。

再次，学生的认知特点在创新创业教育中起着关键作用。大学生普遍具有较强的学习能力和适应能力，但在创新创业领域，他们可能面临新的认知挑战。因此，教育者应当关注学生在创新创业过程中的认知变化，促使其形成更加灵活、创造性的思维方式，培养跨学科的综合能力。

最后，对学生创新创业心理与认知特点的深入研究将为教育者提供更加科学的心理辅导和认知培训建议。通过深刻理解学生的思维习惯、心理状态和认知模式，教育者可以有针对性地设计培训课程，帮助学生克服创新创业中的心理障碍，提高创业效果。这不仅有助于学生更好地应对未来的职业挑战，也将为创新创业教育的优化提供实质性的支持。

（四）各类实践模式的评估

首先，创业孵化器作为一种常见的大学生创新创业实践模式，在营造创新氛围和提供资源支持方面具有显著优势。通过对创业孵化器的效果评估，我们可以深入了解其在项目培育、资源整合、创业团队建设等方面的作用。评估创业孵化器的成功案例和挑战，有助于总结出最佳实践经验，为其他高校的创业孵化器建设提供经验借鉴。

其次，创业导师制度作为与学生个体更为贴近的实践模式，其评估将着重于指导质量、学生成长和创新思维培养等方面。通过深入研究创业导师的陪伴式辅导，我们可以了解不同导师制度对学生成长的影响，进而评估导师在学生创新创业中的作用与不足。这有助于建立更为科学的导师评估体系，提高导师指导水平，促进学生成为优秀的创新创业者。

再次，实践课程作为大学生创新创业教育的核心组成部分，其评估将涉及课程设计、实施效果和学生反馈等多个方面。通过对实践课程的案例分析和效果评估，我们可以了解不同课程模式在激发学生创新创业兴趣、培养实际操作能力等方面的差异。评估实践课程的成功经验和问题，将为高校优化课程设置、提升教学质量提供有益建议。

最后，通过对各类实践模式的评估，我们将形成全面的实践模式和改进建议。这有助于高校更好地根据自身情况选择适宜的创新创业教育实践模式，提高教育实践的有效性和实用性。这一方面有利于提升大学生创新创业教育的整体质量；另一方面也为国内外高校在这一领域的合作提供了经验交流的基础。

二、研究存在的局限性和限制条件

（一）数据获取的限制

在开展研究时，我们面临了数据获取的一系列挑战，其中之一是数据的保密性和隐私问题。大学生创新创业教育所涉及的相关数据，如学生的个体成绩和心理状况等，其往往属于敏感信息，受到法律和伦理方面的制约，从而难以直接获取。这一限制源于对个体隐私的尊重以及社会伦理的考虑，而我们将在研究过程中坚守对这些原则的遵循。

为了克服数据获取受限的问题，我们决定主要依赖已有的文献资料和公开数据。通过深度挖掘学术期刊、研究报告等文献资源，以及政府发布的相关统计数据和学校提供的公开信息，我们将构建一个全面而可靠的研究框架。这一策略不仅有助于确保研究的可行性，也有助于弥补直接获取敏感信息的困难。

在利用已有文献和公开数据的同时，我们将更加注重数据的透明度和可信度。通过清晰地说明数据的来源、范围以及可能的局限性，我们将确保研究的可靠性。同时，我们将在研究结论中谨慎地讨论数据的局限性，以保持研究的科学性和可信度。

面对数据保密性和隐私问题的限制，我们将坚持遵循法律和伦理原则，通过合理利用已有的文献资料和公开数据，确保研究的可行性和可信度。这一方法也反映了我们对个体隐私的尊重，同时为研究提供了一个扎实而可靠的基础。

（二）研究人员水平的限制

研究人员的专业水平和经验在大学生创新创业教育领域的研究中扮演着至关重要的角色，对研究质量产生着深远的影响。特别是在涉及如教育领域这样专业性强且多层次的主题时，研究人员必须具备跨学科的知识和深厚的专业经验。

为了有效地应对这一限制，我们决定构建一个跨领域的研究团队，包括来自教育学、心理学、经济学等多个专业领域的专业人才。这一多元化的团队将充分发挥各专业领域的专业性，通过团队协作的方式集思广益，综合各自的专业知识，以更全面的视角理解大学生创新创业教育的复杂性。

在团队协作中，我们将借助每位成员的独特专业背景，提出创新性的研究问题，并共同设计有效的研究方法。这种协作方式不仅有助于弥补单一专业视角的局限性，还确保研究在方法论和理论框架上具备充足的学术价值。

通过建立一个多元化的研究团队，我们将能够更全面地理解大学生创新创业教育的复杂性，提高研究的深度和广度。这不仅有助于解决由专业水平和经验带来的局限性，也使研究更具有学术前瞻性和实用性。这一团队协作的方式有助于确保研究在解答研究问题、提供政策建议等方面取得更为全面和可靠的成果。

（三）无法涵盖所有影响因素

在大学生创新创业教育领域，我们面对的挑战是其涉及众多因素，包括学生个体差异、家庭背景、社会环境等。这些因素的复杂性使研究难以全面涵盖所有可能的影响。了解和解释这些多因素影响的交互关系对于深入理解大学生创新创业教育的本质至关重要。

学生个体差异在这一领域中扮演着至关重要的角色，包括但不限于学术水平、兴趣爱好和性格特征等。这些差异对于学生个体在创新创业教育中的表现和受益程度产生深远影响。同时，家庭背景也是一个重要的因素，从家庭环境、经济条件到家庭价值观的传承，都有可能对大学生的创新创业意向产生重要影响。而社会环境，包括就业市场、创业政策等，同样是决定大学生创新创业态度和行为的关键因素之一。

由于这些因素的相互关联和复杂性，我们承认研究难以穷尽所有可能的影响。因此，在研究结论中，我们将明确指出研究的局限性，强调研究结果的适用范围。这不仅有助于保持研究的谨慎性和客观性，也为未来的研究提供了拓展空间。

我们鼓励未来的研究在拓展研究范围时对其他可能影响大学生创新创业教育的因素进行深入探讨。这可能包括但不限于心理学因素、文化差异、教育政策等。通过更加全面地考虑多因素影响，未来的研究能够进一步深化对大学生创新创业教育的理解，提供更为全面和实质性的研究成果，为实践提供更有针对性的建议。

第二章

大学生创新创业教育概述

第一节　创新创业教育的定义与意义

一、对创新创业教育的界定

（一）创新创业教育的内涵

1. 技术与思维方式的创新

创新创业教育的目标不仅仅在于培养学生在技术创新方面的能力，更强调在思维方式、问题解决方法等方面的全面创新。这涵盖了鼓励学生涉足不同学科领域，培养他们具备跨领域综合能力的理念。传统上，创新常常被狭隘地理解为技术的推动和产出，然而，创新创业教育的核心理念在于将创新扩展到更为广泛的认知层面和方法论层面。

在现代复杂的社会和工作环境中，单一学科的视角难以全面解决问题。因此，创新创业教育倡导学生进行跨学科思考，通过融合不同学科领域的知识，培养出更具广度和深度地解决问题的能力。这不仅要求学生具备对多元知识领域的理解，更要求他们能够将这些知识融会贯通，形成创新型的综合思维。

创新不再被独立地看待，而是与思维方式、问题解决方法交融。培养创新思维意味着激发学生的创造性思考和开放性思维，使其具备面对未知挑战的能力。问题解决方法的创新则要求学生能够从不同的角度出发，采用灵活多样的方法来解决复杂问题。这种全面的创新理念旨在使学生不仅在技术层面具备创新能力，更在认知和方法论层面上呈现全方位的创新思维，以适应快速发展的社会和职业需求。

2. 付诸实践

创新创业教育的核心理念在于将创新的概念付诸实际，将学生的创意转化为实际的商业价值。与仅仅理论上了解创业的传统教育模式不同，创新创业教育强调实践导向的教学方式，使学生通过实际项目和实习经验，真正地将创新思维融入实际商业环境中。

学生在实践项目中能够直接参与并应用创新思维，将理论知识付诸实际实践中。通过亲身经历创业的全过程，他们能够更深刻地理解创新和创业的本质。实践项目不仅仅是一个学术性的演练，更是一个现实世界中的商业实践，使学生能够在真实的市场竞争和商业运作中学到更多经验。

实习经验也是创新创业教育中不可或缺的一环。通过参与企业实际运作，学生能够更好地感知市场需求、理解商业运作的复杂性，并从中学到解决实际问题的实战经验。这种实践导向的教学方式有助于培养学生在真实商业环境中运用创新思维的能力，更好地适应未来职业挑战。

因此，创新创业教育的实践导向不仅使学生在理论层面获得知识，更让他们能够通过实际操作，将创新思维真实地应用于商业实践中。这种综合性的学习方式旨在培养具备理论基础和实际操作经验的创新型人才，为他们未来的职业生涯奠定坚实的基础。

3.适应变革与挑战

创新创业教育的最终目标是赋予学生能力，使其能够更好地适应未来职业生涯中的变革和挑战。这一目标通过培养学生创新思维和创业精神来实现。创新思维使学生能够以更开放、灵活的方式看待问题，从而更好地应对快速变化的社会和市场环境。

创业精神的培养使学生能够在面对挑战时保持积极、务实的态度。创业者的特质，如决断力、适应性和抗压能力，都是创新创业教育所强调的要素。这些品质使学生能够在竞争激烈的职场中更好地处理复杂的问题，迎接未来职业发展的挑战。

通过创新创业教育，学生将不再对变革感到畏惧，而是将其视为机遇。他们将具备察觉变化、迅速适应变化并从中获益的能力。这种灵活性和适应性使学生在面对未来职业生涯中的不确定性和挑战时能够更加从容。

总体而言，创新创业教育不仅注重知识的传递，更关注学生的思维方式和应对未知挑战的能力的培养。通过这样的教育，学生能够更好地理解和适应未来职业生涯中的不断变化，成为能够引领变革的人才。这为他们在职业生涯中迎接各种挑战提供了坚实的基础。

（二）创新创业教育的范围

1.跨学科的涵盖

创新创业教育在其教学模式中突出了跨学科的涵盖，不拘泥于特定专业或学科的边界，而是积极吸纳工科、商科、社会学科等多个领域的元素。这种多学科的融合为学生提供了更广泛的知识基础和更全面的学科视角，有助于满足不同专业领域学生的需求。

创新创业教育的跨学科特点在于其能够在一个教育框架下整合来自不同学科的知识和方法。例如，在一个创业项目中，工科专业的学生可能负责技术研发，商科专业的学生负责市场分析和商业计划，社会学科专业的学生则可能负责社会影响和可持续性评估。这种团队合作的方式不仅反映了真实世界中多学科团队的工作模式，也促进了学生在实际项目中跨学科的学习和合作。

这样的跨学科教育模式有助于培养更具综合素质的创新型人才。学生在接触到不同领域的知识和方法时，能够更好地理解问题的多层次性质，培养更全面地解决问题的能力。同时，这也符合现代社会对人才的需求，越来越强调全面发展和跨领域的能力。

创新创业教育通过跨学科的涵盖，为学生提供了更为全面和综合的学科背景，为其未来的创新和创业实践打下了坚实的基础。这种教育模式不仅拓宽了学生的学科视野，更促使其具备面对多元问题的能力，为未来职业的跨学科挑战做好了充分准备。

2.各个教育层次的覆盖

创新创业教育的影响不局限于高等教育阶段，而是涵盖了从学前教育到中等教育的各个层次。这种全层次的覆盖旨在通过早期培养学生的创新思维，为其未来的创新创业实践奠定坚实的基础。

在学前教育阶段，创新创业教育强调培养孩子们的观察力、探究精神和创造力。通过丰富多彩的活动和启发性的教学方法，学前阶段的教育可以激发孩子们对新奇事物的兴趣，培养他们主动探索和解决问题的能力。

在中等教育阶段，创新创业教育将更加注重对学科知识的整合和实际运用。通过开设创业课程、组织创新实践项目等方式，中等教育旨在培养学生的实际创业能力，使他们在未来能够更好地面对职业生涯挑战。

而在高等教育阶段，创新创业教育更加强调理论知识与实践的结合。通过开设创业导论课程、实践项目和企业合作等方式，高等教育不仅为学生提供了深入的创业培训，还为他们提供了与实际产业对接的机会，培养了更具实践经验的创新型人才。

全层次的创新创业教育覆盖，旨在通过早期的培养，使学生在成长过程中逐步建立起创新创业的思维和能力。这种全方位的教育模式有助于打破传统学科的束缚，促使学生形成更全面、更有创造力的视角，为他们未来的职业生涯提供了更丰富的选择和更广阔的发展空间。

3. 多样化的教学形式

创新创业教育以其多样化的教学形式为特色，远离了传统的单一教学方式，将学生置于更为实际和富有挑战性的学习环境中。这种多样性不仅包括传统的课堂教学，还涵盖了实践项目、创业比赛、创客活动等多种形式，旨在全面激发学生的创新潜力，提高他们的实际操作能力。

课堂教学作为创新创业教育的传统组成部分，仍然发挥着重要作用。通过理论知识的传递，学生能够建立对创新创业领域的基本认识，掌握相关概念和理论框架。然而，创新创业教育并不仅限于此，更注重学生在实践中的全面发展。

实践项目是创新创业教育中一种重要的形式。通过参与真实的创业项目，学生能够将理论知识应用于实际情境中，提高解决实际问题的能力。这种实践导向的学习方式使学生更好地理解创业过程，培养实际操作的技能，为将来的创业实践打下坚实的基础。

创业比赛和创客活动则为学生提供了更开放、创新的平台。在这些活动中，学生可以在团队中合作，通过自主创新和实际操作，将理论知识付诸于实践。这种参与式的学习方式不仅增强了学生的团队协作精神，还激发了他们的创新意识。

创新创业教育的多样化教学形式旨在全面培养学生的创新能力和实际操作能力。通过结合理论知识和实践经验，学生能够更好地应对未来创业挑战，成为具备全面素养的创新型人才。这一多元的教学方式为学生提供了更广泛的学习机会，让他们在不同领域中获得更为丰富的经验。

二、创新创业教育的社会意义

（一）促进经济发展

1. 创业精神和创新能力的贡献

创新创业教育的最终目标是培养具备创业精神和创新能力的学生，他们将成为未来的创业者和领军人才，对社会经济的发展起到至关重要的作用。这一培养目标对推动社会经济的不断发展具有深远的意义。创新创业者所具备的创业精神和创新能力不仅能够推动新技术和新产品的涌现，还能够激发市场活力，促进产业的升级和转型。

创新创业者在追求新领域、新理念时常常面临着未知和风险，但正是他们身上这种不畏挑战的精神，推动了科技和商业领域的不断进步。他们通过创新所带动的经济活动，能够为社会创造更多的价值。创新不仅意味着技术的进步，还包括商业模式、管理方法等方面的创新，这进一步促使企业和社会在竞争中更具竞争力。

具有创业精神和创新能力的学生，将在未来的职业生涯发展中成为推动变革和创造价值的先锋力量。他们不仅具备创新的思维方式，还能够将创意付诸实践，为企业的长远发展提供动力。这种积极的创业文化对于社会经济的发展不仅意味着更高水平的经济增长，还能够推动社会各行各业的不断进步和升级。

创新创业教育的贡献在于培养了具备创业精神和创新能力的人才，为社会的可持续发展和繁荣创造了良好的条件。通过这一教育模式培养出的学生将在未来的职业生涯中不断推动社会向前发展，进而为经济的不断壮大做出积极贡献。

2. 激发市场活力

创新创业者所具备的新颖理念和解决方案往往挑战传统市场，从而为市场注入新的活力。通过推动新产品和服务，他们引领市场的不断变革，激发市场的创造力和竞争力。这种市场活力的提升对于构建创新驱动型经济具有深远的影响，推动着整个社会朝着更加先进和可持续的方向发展。

创新创业者的出现常常带来市场格局的改变。他们以前所未有的产品或服务满足了消费者的新需求，推动了市场的不断升级。这种创新驱动的市场活力不仅使企业在竞争中保持活力，也促进了整个经济体系的发展。

新产品的推出通常引发了市场的关注和消费者的需求，从而创造了更多的商机。创新创业者通过持续不断地推陈出新，使市场始终保持一定的竞争压力，激励企业更加注重创新，提高产品和服务的质量。

创新创业者通过不断挑战传统市场，引领新的消费趋势，使市场焕发出更强大的生命力。这种市场活力的提升不仅推动着企业的创新发展，也为整个社会经济创造了更多的发展机会。因此，激发市场活力成为创新创业教育所培养学生的一个重要目标，也为社会经济的可持续发展提供了有力支持。

（二）增加就业机会

创新创业者的培养意味着有更多创新理念和商业计划的新兴企业将蓬勃兴起。这些新兴企业往往以独特的产品或服务满足市场需求，推动产业结构的不断演进。创新创业者通过自身的创意和实践，为市场注入新的元素，使经济活动更加多元化和富有活力。

同时，新兴企业和创新项目的涌现直接带动了就业机会的增加。创新创业教育培养出的学生具备实际创业经验和独立思考的能力，他们不仅能够选择自主创业，还能在新兴企业中发挥关键作用。这种新兴企业的崛起为社会提供了更多元的就业选择，推动了全面就业的发展。此外，新兴企业的涌现也促使了现有企业的转型与升级。在创新创业者的引领下，传统企业可能加大对创新的投入，以推动产品和服务的升级，从而适应市场的变化。这种产业升级进一步激发了更广泛的经济增长，为社会经济的可持续发展创造了更为有利的条件。

创新创业教育通过培养创业精神和创新能力，直接推动了新兴企业和创新项目的涌现，为社会经济的结构升级和就业机会的增加做出了积极贡献。这种培养模式的成功将为未来社会的可持续发展奠定坚实的基础。

（三）培养创新型人才

1. 不仅是创业者，更是复合型人才

创新创业教育的价值不仅在于培养创业者，更在于塑造具备创新思维的复合型人才。这意味着通过创新创业教育培养出的学生，不仅具备创业精神，还能够在各行各业展现出自己卓越的创新能力，为不同领域的发展注入新的活力。这种复合型人才的培养对于社会的整体创新能力的提升具有重要意义。

复合型人才的概念强调学生在不同领域具备综合素质和跨学科的知识结构。创新创业教育不仅注重对学生专业领域的培养，更关注培养学生的综合能力，使他们具备在多领域中运用创新思维解决问题的能力。这样的复合型人才不仅能够适应不同行业的需求，还能够在跨学科合作中发挥积极作用。

这样的复合型人才在各行各业都能发挥创新的作用。无论是科技领域、文化创意产业还是社会服务领域，这些人才都能够为问题的解决提供新的视角和方法。他们不仅有着专业领域的深度知识，还能够涉足多个领域，形成独特的交叉学科的创新思维。

这种复合型人才的培养对于社会整体创新能力的提升具有深远的影响。社会问题往往是复杂多变的，需要综合性的解决方案。通过培养具备创新思维和跨学科能力的复合型人才，社会能够更好地应对挑战，推动各个领域的不断进步。因此，创新创业教育的核心目标之一就是培养出这样一批具备全面素养的创新型人才，进而为社会的可持续发展做出积极贡献。

2. 推动社会各个领域的发展

具备创新思维的人才在社会各个领域都能够发挥着积极的推动作用。这一人才群体不再局限于特定行业或领域，而是涉足科技、文化、教育、公共服务等多个领域，为社会带来全新的理念、方法和解决方案，从而推动社会实现全面、协调、可持续的发展。

在科技领域，具备创新思维的人才能够在研发新技术、创造新产品等方面发挥关键作用。他们的独特视角和前瞻性思维有助于推动科技领域的不断进步，从而为社会创新引领方向，促进科技产业的蓬勃发展。

在文化领域，这些人才可能通过创作、设计、表演等方式为社会注入新的文化元素。他们能够引领时代潮流，打破传统观念，为社会文化的发展注入新的活力和创意，推动文化产业的繁荣。

在教育领域，具备创新思维的人才可以提供先进的教育理念和方法，为培养下一代人才注入新的动力。他们能够推动教育体制的改革，培养出更具创新力和实践能力的学生，从而为社会输送更优秀的人才。

在公共服务领域，创新思维的人才可能通过提供创新性的社会服务和解决方案来改善社会问题。他们能够深刻理解社会需求，通过创新型的方法提供更加高效、智能的服务，从而为社会的全面发展做出实质性贡献。

具备创新思维的人才的涌现和发展不仅影响单一领域，更是为社会各个领域注入新的动力和活力，推动社会实现全方位、协调、可持续地发展。他们的努力和贡献有助于构建一个更加创新、进步和繁荣的社会。

（四）塑造社会责任感

创新创业教育强调学生的责任感培养。学生在实践项目中，不仅需要对自己的任务负责，还需要对整个团队和项目负责。这种责任感的培养有助于形成积极向上的社会文化氛围，使学生个体更具社会责任感，为社会的稳定与发展贡献自己的力量。

首先，创新创业教育的社会责任感培养主要体现在其课程设置和教学方法上。课程内容注重向学生传达创新和创业对社会的影响，引导学生思考他们的行为如何与社会责任相结合。通过案例研究、讨论和项目实践，学生能够更全面的理解创新创业活动对社会的积极影响和消极影响，并在思想和行为上逐步形成积极的社会责任感。

其次，可持续发展观念在创新创业教育中得到强化。教育机构在教学中强调资源的可持续利用、环境的保护等方面，引导学生在创新创业实践中充分考虑可持续性因素。课程设置涉及企业社会责任（CSR）、环境保护、社会公益等方面，以激发学生关注社会大局的兴趣，使其认识到创业行为不仅关乎个体利益，还涉及整个社会的可持续发展。

再次，创新创业教育通过社会实践和公益项目的开展，让学生亲身参与社会服务，深入了解社会问题，培养对社会的责任感。学生在这些项目中能够应用所学的创新创业理念，为社会问题提供创新型解决方案。这种实际参与不仅加深了学生对社会责任的理解，也强化了他们在实践中践行社会责任的能力。

最后，创新创业教育通过评估和反思机制，促使学生在创新创业实践中不断调整和完善社会责任观念。通过对项目成果的评价，学生不仅能够了解项目在商业上的成功与否，还需评估其对社会的积极影响。教育机构应设立专门的社会责任评估体系，确保学生在创新创业实践中社会责任感的培养得到全面的考量。

创新创业教育在培养学生社会责任感和可持续发展观念方面采取了全方位的教学手段和实践活动。通过这一系列的努力，创新创业教育致力于为社会培养具备创新思维和社会责任感的人才，为社会的长期发展奠定坚实的基础。

三、创新教育与创业教育的关系

（一）创新与创业的关系

1. 创新与创业的价值取向

创新被定义为制造和产生新事物的过程，包括理论、实践和制造物等方面的创新活动。与之相对，创业被描述为发现信息、掌握技术，并通过合适的平台充分利用资源，最终创造更大价值的过程。在价值取向上，创新强调理论、制度和文化等可能带来的价值，而创业更关注实际市场的变现价值。

2.创新是创业的基础

创新被视为创业的基础，两者之间存在内在的联系。创新是创业的核心和本质，为创业提供支撑，而创业则是创新的发展性、阶段性结果。创新创造新的价值，而创业实现这些价值，两者形成了一个不可分割的关系。

3.创新和创业的无止境性

创新和创业都是不断发展的过程，并且无法完全通过学校教育实现。创新是世界各国教育改革的焦点，具有时代特征，随着时代的发展，创新不断演进。创业是一个不断发展的过程，需要创业者持续开发和进步。因此，创新和创业都是永无止境的。

（二）创业教育和创业的关系

创业教育和创业是相辅相成的关系，创业教育是创业的理论基础，创业是创业教育的结果。从唯物辩证法角度来讲，理论与实践是辩证的关系，实践是检验真理的唯一标准，科学的理论反过来指导实践。一方面，大学生创业教育包括技能、思想和意识等多方面的内容，这些内容对于大学生创业有一定的指导意义，前者为后者提供丰富的理论指导。另一方面，理论对实践并不是直接产生作用，即大学生创业教育不一定对创业的实际行动产生直接影响，也不一定使创业成功。但是，大学生创业教育的实施有利于促进大学生创业的成功，大学生创业教育作为加速器，使其更具有目的性。创业教育以培养人的创业意识为根本，以锻炼人的创业思维、创业技能为宗旨，以提升人的创业能力为目的。

（三）创新教育与创新的关系

1.创新教育与创新的辩证关系

创新教育与创新之间存在着密不可分的关系，二者相辅相成，相互促进。创新教育的核心价值在于培养创新精神和创新能力，为学生个体提供了在知识经济时代中应对挑战的理论基础。从唯物辩证法的角度看，创新教育既是创新的源泉，也是创新的导向。创新教育通过为学生提供知识、思维和方法的全方位培养，为其创新实践提供了理论支持，使学生能够更好地应对未来社会的变革和发展。

2.创新教育的核心内容

创新教育的核心内容涵盖了多个层面，包括知识、思维和实践等多个维度。在知识层面，创新教育注重培养学生的跨学科知识，强调知识的前沿性和实际运用能力。在思维层面上，创新教育强调培养学生的创新思维方式，包括问题解决、批判性思维和创造性思考等。在实践层面上，创新教育通过实际项目和实践活动，锻炼学生的创新能力，使其能够将理论知识转化为实际的创新实践。

3. 创新教育对创新的推动作用

创新教育不仅是创新的理论基础，更是创新的推动者。通过培养创新精神和创新能力，创新教育为学生个体提供了更广阔的视野和更高的创新境界。创新教育强调的知识更新、思维方式的转变和实际操作的实践，使学生在日后的创新实践中更具有竞争力。因此，创新教育在推动创新的过程中，起到了关键的引导和培养作用。

（四）创新教育与创业教育的关系

1. 创新教育与创业教育的共同目标

创新教育和创业教育共同追求培养学生的实践能力和创新精神，旨在使学生具备在不断变化的社会中脱颖而出的能力。创新教育注重培养学生的创新意识、创造性思维和解决问题的能力，着眼于学生个体的素质提升。与此同时，创业教育强调创业者的自我实现和人生价值追求，通过实践型的培养方式，学生能够在创业中实现个人价值。因此，两者在实践能力和人生价值的培养上有着一致的目标取向。

2. 创新教育与创业教育的交叉融合

创新教育与创业教育之间存在着交叉融合的关系。创新是创业的基石，而创业则是创新的最终体现。在创新教育中，学生通过学习创新理论和方法，培养创新思维；而在创业教育中，学生将创新能力付诸实践，通过创业活动实现自身价值。两者相辅相成，创新教育为创业实践提供理论支持，而创业实践则是对创新教育的最终检验。

3. 创新创业教育的整合趋势

将创新教育与创业教育作为一个整体来研究并推进是当前和未来的必然趋势。创新和创业在现代社会中紧密相连，两者的综合培养有助于学生更全面地应对未来的挑战。这一整合趋势将有助于推动高等教育体系更好地满足社会对人才的需求，培养更具创新创业精神的学子。

（五）创新创业教育

1. 创新创业教育的概念与价值观

创新创业教育是一种新兴的教育理念，旨在培养学生的创新精神、创业意识和创业能力。这种教育概念强调在知识经济时代，学生需要具备面对不断变化的社会和经济环境所需的创新和创业能力。创新创业教育强调与时代精神相吻合，与社会发展需要相适应，提倡将创新教育、创业教育和专业教育有机地结合起来，为学生提供全方位的教育体验。

这种教育概念的提出是对传统教育的一种重要补充，强调了对学生实际应用能力的培养，突破了传统学科之间的界限，使学生更好地适应现代社会的复杂性和多变性。价值观在创新创业教育中起到了指导作用，强调培养学生的创新意识、挖掘创业潜力、提高创业信心等，旨在引导学生更好地融入社会，发挥个体优势，促使其在创新和创业领域发挥更为积极的作用。

2. 创新创业教育对高等教育的影响

创新创业教育对高等教育的影响是全方位的。首先，它丰富了高等教育的多元取向，使学生在学习专业知识的同时，能够培养实际应用能力。其次，创新创业教育强调了跨学科的融合，打破了传统学科之间的壁垒，促进了不同学科知识的交叉传播。最后，通过培养学生的创新创业能力，创新创业教育有助于高等教育更好地适应社会对人才的需求，培养更具创造力和竞争力的人才。

四、大学生创新创业教育的核心内容

（一）知识方面

1. 创新创业知识的维度

首先，大学生创新创业教育需要深入探讨政策和法律方面的知识。这包括对创业政策和法律法规的全面了解，以及知识产权保护的要点。在创新创业的过程中，了解并遵守相关政策和法律法规是确保创业合法性和可持续发展的基础。这一知识维度的培养不仅有助于学生避免潜在法律风险，还能够为创新创业提供法律保障，为创业者在复杂的法律环境中自信前行提供支持。

其次，创新创业教育的知识维度必须涵盖行业特点和市场趋势等专业知识。学生需要了解所选择行业的基本特征，包括竞争格局、发展趋势、技术创新等方面的知识。同时，深入了解市场趋势，掌握市场需求和消费者行为，有助于学生在创业时更好地把握商机，提高创业成功的可能性。专业知识的建构是创新创业成功的基石，也是为学生提供创新创业的理论基础。

再次，创新创业教育需关注经营管理等商业社会知识。这一层面包括对企业经营管理特点的深刻理解，如团队管理、资源配置、市场营销等。此外，商务谈判技巧的培养也是不可忽视的一部分，学生需要掌握有效沟通和协商的能力，以便更好地推动创业项目。经济核算方法的了解有助于学生在经营中更科学地进行财务规划，确保创业项目的经济健康发展。

最后，创新创业知识的维度需要在整体上进行整合，鼓励学生将不同领域的知识相互融合，形成创新的应用。学生应具备跨学科的思维，将政策法律、专业知识和商业社会知识相结合，找到创新创业的独特点。此外，创新应用也包括对新兴领域、科技趋势的敏感性，为学生提供在快速变化的商业环境中保持竞争力的能力。

通过深入研究和培养创新创业知识的多个维度，大学生能够在创业过程中更全面地应对各种挑战。这种全面的知识体系不仅有助于提高创业成功率，还能够培养学生的创新意识和解决问题的能力，为未来的创新创业奠定坚实的基础。

2. 创新创业教育的知识层面

创新创业教育在知识层面的全面涵盖为大学生提供了多方面的理论支持和实践指导。

首先，强调培养学生灵活思维、开放思维的创新思维方法是创新创业教育的核心。这不仅包括在解决问题时采用不同的思考方式，还鼓励学生在面对挑战时能够灵活运用多元化的思维模式，从而提升创业的灵活性和创新性。

其次，创新创业教育致力于帮助学生建立对创业本质的深刻认识，明确创业的基本概念、原理和方法。这意味着学生需要深入理解创业活动的本质，包括创业的定义、核心原理以及实施创业的基本方法。通过对创业理论框架的了解，学生能够在实践中更有针对性地应用理论知识，提高创业决策的科学性和实效性。

再次，创新创业教育通过解析创业的产生与演变过程，使学生对创业的发展轨迹有清晰的认知。学生应当了解创业包括创业机会的发现、商业模式的构建、团队组建等多个环节。这种全面认知有助于学生更好地规划创业路径，减少创业过程中的盲目性和未知风险。

创新创业教育还强调培养学生设计创新商业模式的能力，以提高创业可行性。这包括对商业模式中关键要素的理解，如价值主张、收入来源、客户关系等。学生需要具备将创新理念融入商业模式设计的能力，以实现创业项目的独特性和竞争优势。

最后，创新创业教育强调对互联网经济趋势的全面认识。这要求学生不仅要了解互联网经济的基本概念和特征，还要关注互联网技术在不同行业的应用趋势。适应互联网经济大趋势有助于学生更好地把握市场机会，构建与时代发展相契合的创新创业项目。

创新创业教育在知识层面的涵盖不仅为大学生提供了丰富的理论基础，更注重将理论知识与实际创业操作相结合。通过这样的知识体系构建，创新创业教育旨在培养具备全面素养和实际操作能力的创业人才，为其未来在复杂多变的商业环境中取得成功奠定坚实的基础。

（二）能力方面

1.创业认知能力

创新创业能力的培养不仅仅侧重于传递知识，更关键的是塑造和提升创业认知能力。在这个方面，创业认知能力包括对外部创业环境的认知和对机遇的敏感度的培养。

首先，认知环境的能力是培养创业者深刻理解外部创业环境的关键。学生需要具备对市场、竞争以及各种机遇的洞察力。这包括对市场趋势、潜在竞争者和潜在合作伙伴的敏感性。通过对外部环境的认知，创业者能够更准确地把握商业运作的方向，有效地应对市场的变化和挑战，从而提高创业成功的概率。

其次，自我把握机遇的能力是创业认知能力的另一关键方面。学生需要培养发现和利用机遇的敏锐度，以更好地把握创业时机。这意味着创业者需要对市场上的空白点和未来的趋势有清晰的认知，能够迅速识别并利用潜在的商业机遇。通过培养自我把握机遇的能力，创业者能够更具前瞻性地规划企业未来发展，使创业活动更具竞争力和创新性。

在创新创业教育中，培养这两方面的认知能力不仅有助于学生在创业过程中更明智地决策，还能够提高其在市场中的适应性和灵活性。这种创业认知能力的培养，不仅仅是关注实际操作层面，更涉及对商业世界的深层理解和思考。通过培养这样的能力，创新创业者将更有可能在激烈的商业竞争中脱颖而出，实现创业梦想。因此，创新创业教育应当在知识传授的基础上，着重锻炼学生的创业认知能力，使其具备在复杂多变的商业环境中把握机遇的能力，从而更好地引领和推动创新创业的发展。

2. 创业专业能力

创业专业能力涵盖了多方面的技能，其中重要的包括经营管理技能、应变能力和解决问题的能力。

首先，经营管理技能在创业专业能力中占据重要地位。这方面的培养强调的是学生在企业运营中所需的全面技能，包括但不限于团队协作、资源分配、市场营销等方面。学生需要具备有效管理企业运作的能力，从而确保企业的顺利运营和长期发展。这包括制定战略规划、优化流程和有效沟通，以便更好地推动企业朝着设定的目标前进。

其次，应变能力和解决问题的能力是创业专业能力中的关键要素。创业过程中，面对不断变化的市场和外部环境，学生需要具备灵活变通的能力，能够及时应对各种挑战。同时，解决问题的能力也是创业者必备的技能，涉及对复杂问题的分析、判断和解决。培养学生在高度不确定性中处理问题的能力，有助于提高创业者在面对挑战时的应对水平，增强企业的稳定性和适应性。

在创新创业教育中，注重培养创业专业能力是为了使学生能够全面应对创业过程中的方方面面问题。这包括从管理层面到实际操作层面，从团队协作到独立解决问题的全面能力培养。通过对这些专业能力的培养，学生将更有可能在创业领域中取得成功，并能够更好地适应和引领市场的发展。因此，创新创业教育应着眼培养学生的经营管理技能、应变能力和解决问题的能力，从而为他们未来的创业生涯奠定坚实的专业基础。

3. 创业社会能力

创业社会能力涵盖了适应能力和处理人际关系的能力两个重要方面，这些能力对于创业者在复杂多变的社会环境中取得成功至关重要。

首先，适应能力是创业社会能力中的核心要素之一。在创业过程中，社会环境的变化常常不可避免，因此创业者需要具备适应多变社会环境的能力。学生需要培养对不确定性的应对能力，以迅速适应市场、政策和竞争等多方面的变化。强调适应能力有助于创业者更好地理解并适应社会的发展趋势，从而更灵活地调整经营策略，增强企业的生存能力和发展能力。

其次，处理人际关系的能力在创业社会能力中同样至关重要。创业过程中，建立积极的人际关系对于获得资源、寻找合作伙伴以及推动业务发展都具有重要意义。强调处理人际关系的能力有助于创业者更好地理解他人需求，建立稳固的社交网络，并通过合作实现共赢。这种能力不仅体现在企业内部的团队协作，还包括与客户、投资者和其他利益相关者的良好沟通和合作。

在创新创业教育中，注重培养创业社会能力，旨在使学生具备在复杂多变的社会环境中快速适应和与他人有效合作的能力。这有助于创业者更好地应对外部环境的变化，提高企业在社会中的影响力和竞争力。因此，创新创业教育应当注重培养学生的适应能力和处理人际关系的能力，以塑造具备全面社会素养的创业者，进而推动创新创业的可持续发展。

（三）素养方面

1. 创新创业素养的定义

创新创业素养在大学生创新创业教育中扮演着重要的角色，其涵盖了多个关键方面，旨在培养学生全面发展的创新创业能力。

首先，创新创业素养包括主动创新意识的培养。这一方面强调学生在面对问题时应具备主动提出创新解决方案的意识。主动创新意识是指学生能够主动发现问题、关注社会需求，并提出创新的、有益的解决方案。培养这种意识有助于学生更好地理解创新的价值，激发创新的动力，并在实际的创业实践中更具创造性地解决问题。

其次，创业潜质分析能力是创新创业素养的一个重要方面。这方面的培养旨在帮助学生全面了解自身的创业潜质，通过对个人能力、兴趣和市场需求的分析，评估创业的可行性。学生通过这一能力的培养，能够更理性地判断自己是否适合创业，从而避免盲目冒险，提高创业成功的概率。

最后，科学的创新创业观也是创新创业素养的核心要素之一。强调学生树立科学的创新创业观，意味着要避免盲目地冒险和存在侥幸心理，而是基于对市场、技术和社会的深入理解，形成科学的创新创业理念。这有助于学生在创业过程中更明智地制订战略计划，规避潜在风险，提高企业的可持续竞争力。

总体而言，创新创业素养的定义涵盖了对主动创新意识、创业潜质分析能力和科学的创新创业观的全面培养。这些方面的素养旨在为大学生提供全方位的创新创业教育，使其在创业领域具备更全面、深刻的认知能力和实践能力。创新创业素养的培养有助于培养更具创造力、理性和可持续发展意识的创业者，为创新创业领域的长期发展提供有力支持。

2. 心理素质的培养

在创新创业过程中，心理素质的培养是至关重要的，其涵盖了对积极稳定的情绪、合作精神和团队意识以及坚强意志的全面培养。

首先，培养学生具备积极稳定的情绪是心理素质培养的核心之一。创新创业的道路充满了不确定性和挑战，而学生在面对挫折和压力时需要保持积极稳定的情绪状态。强调培养积极稳定的情绪，有助于学生更好地应对各种压力和困难，使其保持良好的心理状态，从而更好地应对创新创业中的各种挑战。

其次，合作精神和团队意识是创业者成功的重要品质。在创业过程中，很少有人能够独自完成所有任务，而更多地需要依赖团队的协作。因此，培养学生在团队中的合作精神和团队意识至关重要。这涉及学生在团队合作中的主动参与、有效沟通以及共同追求团队目标的意识，从而构建良好的团队氛围，促进团队的协同作战。

最后，强调学生保持坚强的意志是心理素质培养的另一重要方面。创新创业的过程中，可能会面临各种困难和阻碍，而坚强的意志是战胜困难的关键。培养学生坚强的意志，有助于他们在面对挑战时不轻言放弃，保持对目标的执着追求，从而更好地实现创新创业的目标。

心理素质的培养在创新创业教育中具有重要价值。通过培养积极稳定的情绪、合作精神和团队意识以及坚忍的意志，可以提高学生在创新创业过程中的抗压能力、团队协作能力和坚持不懈的品质，为其未来创业生涯奠定坚实的心理基础。

第二节　国内创新创业教育的发展历程

一、国内创新创业教育的起源

（一）创造教育的历史由来

1. 创造教育的起源和初期发展

创造教育在中国最早于1917年被提及，当时在《教育杂志》上发表的《儿童创造力养成法》一文，标志着我国首次出现以创造教育为主题的研究。进入1919年，创造教育成为教育界讨论的焦点，全年《教育杂志》发表了7篇以创造教育为主题的文章。20世纪20年代初，创造教育在中国教育界产生了重要影响。

然而，到了 1927 年以后，创造教育的讨论渐趋沉寂。

陶行知是创造教育思想的集大成者，他既参与了创造教育的讨论，也创办了育才学校进行全面的创造教育尝试。陶行知提出了"打倒传统的教育，提倡创造的教育"的口号，将创造与教育结合，提出了"行动是中国教育的开始，创造是中国教育的完成"的理念。他在实践中取得了许多成果，如在 1939 年创办育才学校，通过"创造月""创造年"活动取得了科学和文学艺术创造方面的丰硕成果。

2.创造教育的再次兴起

1985 年，中国发明协会正式成立，明确将勇于创造纳入党的教育指导方针，推动了全国中小学创造教育的发展。同年 10 月 16 日，中国发明协会成立大会在人民大会堂举行，标志着国内创造学的研究机构的建立。1988 年 6 月 28 日，中国创造学会成立，正式确立创造学研究和创造教育的地位。1992 年，中国发明协会在沈阳市召开了第一次全国中小学创造教育学术研讨会，标志着全国中小学创造教育进入了有组织的发展轨道。1993 年，首届全国高等学校创造教育与创造学研讨会成功召开，进一步推动了创造教育在高等教育领域的拓展。

创造教育在我国的发展中，逐渐形成了全体性、区别性、创新性的基本要点。创造教育的目标是培养符合社会主义现代化建设需要的人才，具体表现为培养创新型人才。创造教育积极拓展到高等教育领域，通过研讨会等活动促进创造学的研究与发展。这一时期，创造教育步入了持续、蓬勃发展的阶段。

3.创造教育的现状

中国发明协会中小学创造教育研究会在创造教育的发展中发挥着重要的角色。它定期召开全国中小学创造教育研讨会，推动了我国中小学创造教育的有序开展。

中国创造学会的成立标志着创造学研究和创造教育正式确立。该学会的设立为创造学的深入研究和学科建设提供了有力支持。通过举办学术研讨会、论坛和出版相关刊物，中国创造学会成为推动创造学术研究和学科发展的平台。它促进了创造学理论的中国化和通俗化，推动了创造教育在我国的深入发展。

（二）创业教育的历史由来与释义

1.创业教育的概念提出与系统阐释

中国创业教育的起源可以追溯至 1988 年，当时胡晓风首次提出了创业教育的概念，为该领域的发展奠定了基础。在接下来的努力中，胡晓风等学者逐渐系统阐释了创业教育的内涵、目标和原则，为这一新兴领域建立了理论框架。创业教育被明确定义为一种在个体人生历程中进行创造和职业有机结合的教育形式。其根本目标在于培养学习者的三方面基本能力，即培养生活力、劳动力和发挥创造力。这种综合培养旨在使学生个体在不同领域都能展现出积极的能动性，实现自我价值的同时为社会创造价值。

在创业教育的定义逐渐清晰的过程中，学者们强调整个生活的教育是创业教育的出发点和归宿，全面性教育是创业教育的基础和核心。这种全面性教育不仅涵盖了专业知识，更强调了培养学生的创新精神和实践能力，使其具备在不同场景中进行创业的能力。

这一时期标志着创业教育理论基础的确立，为后续的深入研究和实践提供了明晰的指导方针。创业教育逐渐被认知为一种全新的教育形式，不仅仅关注传统学科知识的传授，更注重培养学生的实际应用能力和创新思维。胡晓风等学者的努力不仅为中国创业教育的发展奠定了理论基石，也为培育具有创新能力和实践能力的人才提供了理念和方法。

2. 国内外创业教育的实践探索与联合革新

随着创业教育概念在中国的提出，国内外开始了创业教育的实践探索。以四川省合川县为代表，通过深入进行"生活教育整体试验"，该县将各级各类教育纳入试验范围，广泛展开创业教育试验。这一实践为中国创业教育的起步奠定了基础，从而形成了初步的经验积累。通过在不同层级的教育范围内进行试验，合川县在实践中逐渐总结出一系列关于创业教育的有效方法和可行策略，为国内创业教育的推进提供了宝贵的经验借鉴。

与此同时，得益于联合国教科文组织亚太地区办事处的推动，中国在1990年至1991年以"五省一市"为项目单位，积极参与了"提高青少年创业能力的教育联合革新项目"。这一联合革新项目为创业教育的实践和研究提供了重要支持。通过与多个地区的协作，中国在创业教育领域取得了丰硕的成果。联合革新项目的实施不仅推动了创业教育的深入发展，也为国内外的创业教育提供了宝贵的交流平台和合作机会。

这一时期的实践探索和联合革新项目不仅在中国本土积累了宝贵的经验，也为国内外创业教育的推进提供了有益的启示。创业教育的实践逐渐从局部试点向更广泛的范围扩展，不仅涵盖了学校教育，还拓展到社会各个领域。这一过程中的合作与交流，推动了创业教育理念的不断丰富和完善，促使创业教育在全球范围内得到更为广泛的认可。

3. 从试点到全国推广的创业教育多元探索

通过自发性探索和多方努力，中国高校创业教育经历了从自发探索阶段到教育行政部门引导下的多元探索阶段的过渡。在 2002 年至 2008 年，中国高校在创业教育领域作出了有益的尝试，这一时期标志着创业教育从试点到全国推广的阶段。

2002 年，为深入推进创业教育实践与研究，教育部在全国 9 所高校开展了创业教育试点工作。在试点过程中，各高校积极探索创新创业教育实践，形成了以"课堂教学为主导""增强学生创业意识、创业技能为重点"和"综合式"为代表的三种教育模式。这些教育模式的成功经验不仅为试点高校积累了宝贵的经验，也为其他高校的创业教育提供了重要的参考和经验借鉴。

在多元探索阶段，高校的创业教育逐渐从局部试点拓展到全国范围。在教育部的引导下，更多的高校开始积极响应，探索创新创业教育的新路径。创业教育实践丰富了理论探索，使不同高校在实施创业教育时形成了各具特色的教学模式，这为全国范围创业教育的全面推广提供了实践基础。

创业教育在中国的发展历程中经历了概念提出与系统阐释、实践探索与联合革新、试点到全国推广的多个阶段。这一过程见证了创业教育理论的逐渐成熟和实践模式的不断拓展。未来，随着社会的发展和学科研究的深入，创业教育有望在培养更多创新创业人才方面发挥更为重要的作用。其不仅需要不断总结实践经验，还需要不断创新教育模式，以适应不同高校和地区的特点，从而推动创业教育在全国范围内的进一步普及和提升。

（三）创新创业教育的历史由来与释义

1. 创新创业教育的概念提出与内涵界定

随着研究的深入，创新创业教育逐渐成为中国高等教育的重要组成部分，其概念提出与内涵界定经历了一系列明确和定义的过程。在《中国大学创新创业教育发展报告》中，学者曹胜利和雷家骕对创新创业教育进行了广义和狭义的界定，从而为该领域的概念提出奠定了基础。

广义上，创新创业教育被定义为关于创造一种新的伟大事业的教育实践活动。这涵盖了对学生培养创新能力、创业思维和实践技能的全面指导，以便他们能够面对未来的挑战并在职业生涯中取得成功。而狭义上，创新创业教育则被解释为关于创造一种新的职业工作岗位的教学实践活动。这强调了其在应对当代大学生自谋职业、灵活就业和自主创业方面的特定教育目标。

2010年，教育部正式采纳了这一概念，并明确定义为适应国家经济社会和发展战略需要而产生的一种教学理念与模式。这一决定标志着创新创业教育成为中国高等教育体系的重要组成部分，并使其教育目标与国家发展战略目标相一致。教育部进一步在全局性文件中明确了创新创业教育的教育价值定位，强调其应面向全体学生，结合专业教育，融入人才培养的全过程。这意味着创新创业教育应贯穿整个学科体系，旨在为学生提供全面的创新创业素养培养。

创新创业教育的概念提出与内涵界定经历了从理论研究到教育实践的过程，并经历从广义到狭义的层层明晰，最终成为中国高等教育中不可或缺的一部分。其定义不仅包括对创新创业思维的培养，还注重学生在实际职业生涯中的应用。这一概念的明确定义为创新创业教育在未来的发展提供了清晰的方向，并为培养更具创造力和竞争力的人才做出了基础性的规划。

2. 创新创业教育的理论基础与国家政策导向

创新创业教育的提出不仅依托于坚实的理论基础，更受到了国家政策的积极引导和支持。2015年，国务院颁布了《关于深化高等学校创新创业教育改革的实施意见》，为我国高等教育中创新创业教育的深化提供了全面的政策支持。该政策文件延续并强化了"创新创业教育"这一概念，并明确了其对国家经济社会和发展战略的适应性。

实施意见中明确了深化高等学校创新创业教育改革的指导思想、基本原则、总体目标，并提出了九项改革任务和三十余条具体举措。其中，最为重要的是将创新创业教育的普及确立为长期政策导向。该政策文件强调了创新创业教育在全面推进创新创业、提高毕业生创业就业质量中的关键作用。这一政策导向的确立，使创新创业教育在国家层面得到了明确的支持和认可。

国家政策对创新创业教育的支持不仅仅是空泛的口号，更具体体现在对改革任务和举措的细致安排。文件中规定了创新创业教育的目标，明确了实施路径和步骤，提出了建设创新创业教育体系的具体要求。国家政策的出台使各高校在推进创新创业教育方面有了更加具体和系统的指导。

除此之外，国家政策还强调了加强对创新创业教育师资队伍建设、拓宽创新创业教育内容、深化产学研用合作等方面的支持。这一系列措施的制定，为高校创新创业教育提供了更多的资源和支持，促使其更加贴近实际需求、更加符合时代发展的要求。

因此，创新创业教育在中国的发展不仅仅得到了理论基础的支持，更在国家政策层面获得了积极引导和支持。政策的出台不仅为高校创新创业教育提供了明确的发展方向，也为其后续发展奠定了坚实的基础。在国家政策的引领下，创新创业教育在中国高等教育中蓬勃发展，为培养更具创造力和竞争力的人才做出了积极贡献。

3. 创新创业教育的时代痕迹与辩证否定关系

创新创业教育的发展不仅是理论上的前进，更是对不同时代、目标下的创造教育、创新教育、创业教育的合理综合。曹胜利和雷家骕提到，这四种教育形式之间存在辩证否定的关系，类似于黑格尔对花蕾、花朵和果实的比喻。创新创业教育被视为对前三者的肯定，并在此过程中丰富了"创新创业教育"这一概念内涵。

首先，创新创业教育在时代痕迹的演进中承载了创造教育、创新教育、创业教育的历史责任。创新创业教育的发端于对传统教育模式的挑战和对社会发展需求的回应。创造教育强调培养学生的创造性思维，而创新教育关注的是培养学生的创新能力，创业教育则专注于培养学生的创业精神和实际操作能力。创新创业教育的崛起在某种程度上是对这些既往教育理念的整合和拓展，以此形成了更加全面、多元的培养目标。

其次，创新创业教育的发展中存在着辩证否定的关系。这种关系表现为对创造教育、创新教育、创业教育的既有模式的否定，但又在否定中融入了对其精华的肯定。创新创业教育不是简单地将前三者相加，而是在整合的过程中产生了新的理念和模式。这种辩证否定关系体现了教育领域的不断发展和进步，以此为创新创业教育提供了更加丰富的内涵和实践基础。

最后，通过对辩证否定关系的理解，我们更能够把握创新创业教育的科学内涵。这种理解不仅有助于理论研究，也为高等教育改革提供了有益的经验和参考。在时代的演进中，创新创业教育将继续承担着历史责任，以不断适应社会需求，为培养更具创造力和竞争力的人才做出积极贡献。

二、中国创业教育的历史发端

（一）中国创业教育思想的提出

1. 创业教育思想的提出：早期研究和理论构建

在联合国教科文组织召开"面向 21 世纪教育国际研讨会"之前，中国学者，以胡晓风为代表，已经在理论上深入研究了创业教育。1989年1月16日，《人民日报》发表了由胡晓风撰写的《关于更新教育思想进行创业教育的探讨》，标志着中国对创业教育的早期关注。同时，胡晓风与其他学者在1989年第4期《四川师范大学学报》上发表了《创业教育简论》一文，系统地概括了创业教育的概念。这两篇文章强调创业教育是人生历程中创造和职业相结合的教育，提出培养生活能力、劳动能力和创造力。这为后来创业教育思想的提出奠定了基础。

2.专著出版与思想深化：《创业教育——教育整体改革的新构思》

1989年8月，《创业教育——教育整体改革的新构思》一书出版，收录了由胡晓风等学者撰写的12篇文章。这本专著系统准确地阐述了创业教育的内涵、目标和原则，被认为是创业教育思想提出的重要标志。尽管这些论述带有当时时代的烙印，如"体用论"，但在当时大多数人对创业教育尚无所知的情况下，这已经是相当成熟和系统的研究。这本专著中强调全面教育是创业教育的基础和核心，提出科技、教育、经济三者结合等三大原则。这标志着创业教育的理论框架正式确立，为后来的深入研究奠定了基础。

3.深化思想与基本原则：胡晓风的会议发言与讲课提纲

在专著出版后，胡晓风在《陶行知教育思想与合川教育整体改革》中的发言进一步深化了对创业教育的思考。1989年9月至11月，他在四川教育学院进行的讲课提纲中，提出创业教育是一种新构思，思想来源于陶行知。他认为创业教育适应了马克思教育思想的发展，同时强调其适应改革需要而产生的新构思、新尝试。这一时期，胡晓风对创业教育的基本原则和具体实施规划进行了明确的提出，为后续的创业教育研究提供了有力的理论支持。

通过对这一时期创业教育思想提出和深入解析的历史回顾，我们能够清晰地看到胡晓风等学者在创业教育领域的早期努力。他们不仅在概念上界定了创业教育，还提出了培养学生创业能力的基本原则。这一时期的创业教育思想，虽带有当时的时代特征，但为后来创业教育的深入研究和实践奠定了坚实的基础。

（二）中国创业教育思想的试验

1.胡晓风推动下的创业教育试验

在教育试验方面，胡晓风的积极推动成为中国创业教育发展的关键因素之一。他通过向四川省委、省政府提出创业教育试验报告，成功得到省领导的高度重视和支持。这在陶行知研究会的总结回顾中有详细的记载。省委、省政府领导对这一新构想表示出认可的态度，认为其"很有道理"且"贵在试验示范"。这为创业教育的试验提供了政治支持，同时标志着创业教育在四川省的启动。

2.合川县的广泛创业教育试验

在省领导的支持下，合川县以深入开展"生活教育整体试验"为契机，将各级各类教育纳入试验范围，广泛开展创业教育试验。这使创业教育试验从学校教育扩展至全社会、普通教育等领域，成为一个大型试验。这一时期，胡晓风等学者以"合川区生活教育整体试验领导小组"的名义，撰写了《创业教育研究试验总叙》一文，明确总结了创业教育试验的历程。试验于 1988 年 3 月在四川省合川县启动，经过 3 年准备后，于 1992 年正式在全县展开，试验主体范围包括"职前"和"职后"两个教育周期。

3.教育试验的初步成果和社会效应

通过创业教育试验，合川县初步实现了教育的两个重要转变。首先，教育对象由面向中小学的"学校小教育"转变为社会大教育，面向合川县 150 万人口。其次，教育的着力点由以文化为中心，向以文化为工具，以政治、经济、文化生活为中心的"创业教育"转变。这标志着合川教育的目标逐渐从传统文化教育转向更广泛的社会需求和创业素质的培养。整个教育体系逐步提高，创业教育在其中发挥了积极作用。试验也促使合川县的地方经济振兴，为当地的社会发展和人才培养提供了良好的实践基础。

第三节 大学生创新创业教育的特点与挑战

一、大学生群体的特殊性

（一）学科背景多样性

1.专业领域的广泛覆盖

大学生群体的学科背景呈现出广泛的覆盖面，涵盖了各个专业领域的学生，形成了丰富而多样化的学科背景。这种多样性表现在理工科、文史哲、社会学科等不同领域，每个领域都具有独特的学科特色和价值观。

在创新创业教育的背景下，大学生学科背景的多样性为教育者提供了前所未有的挑战。教育者需要认识到不同专业领域之间存在的差异，以及学科背景差异可能对创新创业教育的实施产生的影响。这涉及对各学科的独特需求和培养目标的理解，以便采取灵活多变的教学策略。

在面对这一多样性的挑战时，教育者需要以开放的心态对待不同学科背景的学生，促使他们之间进行跨学科的合作和交流。这有助于打破学科壁垒，促进不同专业领域的学生之间的相互理解，为他们提供更为广泛的视野和更全面的素养。

因此，理解和应对大学生学科背景的多样性是创新创业教育中不可忽视的一个重要方面。通过更加差异化的教学和引导方式，可以更好地激发不同学科领域学生的创新潜能，推动他们在创新创业的过程中发挥个人所长，实现全面素质的提升。

2.跨学科合作的必要性

在应对大学生学科背景的多样性时，教育者需要制订灵活多变的教学策略，以促使学生进行跨学科的合作和交流。这是因为学科背景的多样性往往伴随不同领域的知识和技能，而这些领域之间的相互融合和合作正是创新创业教育所追求的目标。

跨学科合作的必要性在于打破传统学科壁垒，促使学生在不同专业领域之间建立联系和对话。通过与来自其他专业的同学合作，学生可以分享各自专业的知识和经验，形成综合性的思考和解决问题的能力。这种合作有助于拓宽学生的视野，使其能够更全面地理解和应对复杂的创新创业挑战。

此外，跨学科合作还可以培养学生的团队协作精神和沟通能力。在跨学科的合作过程中，学生需要学会倾听和理解来自不同学科背景的观点，同时需要清晰地表达自己的想法。这种团队协作的经验对于他们未来在创新创业领域中的职业发展至关重要。

因此，通过促使学生进行跨学科的合作和交流，创新创业教育可以更好地发挥其教育作用，培养学生全面发展的能力，为他们在未来的职业生涯发展中取得成功打下坚实的基础。

（二）创新意识培养需求

1.关键阶段的认知发展

大学生所处的阶段被认为是个人认知和职业发展的关键时期，因此对于创新意识的培养需求显得尤为迫切。在这一时期，学生们呈现出较强的好奇心、求知欲和创造力，这使他们成为创新创业教育的重要资源。

大学生的个人认知发展经历了从青少年期到成年期的关键阶段，这是他们对自身、社会和职业有着深刻认识和理解的时期。这也是培养创新意识的黄金时期，因为学生们的认知水平正在不断提高，他们对新事物充满好奇心，渴望探索未知领域。这种好奇心和求知欲为创新创业提供了丰富的内在动力，为他们在职业生涯发展中做出积极而有创意的贡献创造了有利的条件。

创新创业教育在这一关键阶段有着独特的作用，通过引导学生主动参与创新创业实践，培养他们解决问题和面对挑战的能力。此外，通过启发学生对自身兴趣、优势和目标的深入思考，创新创业教育有助于塑造学生的职业发展方向，引导他们更加明晰地认识自己的价值和定位。

因此，关键阶段的大学生认知发展为创新创业教育提供了独特的契机，通过有针对性的培养，可以激发学生的创新潜能，使他们更好地适应未来职业挑战。这一时期的学生不仅具备丰富的创意资源，而且在创新创业领域展现出的积极态度和活力也为创业教育注入了新的活力。

2. 系统引导与激发机制的建立

为了有效推动大学生从校园到职场的创新实践，教育者需要建立系统的引导与激发机制。在这一背景下，设立创新实践平台和组织创业竞赛等方式成为关键举措，以更好地引导学生将创新意识付诸实践。

首先，建立创新实践平台是为学生提供一个具体的、可操作的场所，使他们有机会将创新理念付诸实践。这样的平台可以包括实验室、创客空间、孵化器等，为学生提供相应的资源和支持，让他们在实际项目中体验创新创业的全过程。通过这种方式，学生能够直接参与到真实的创新项目中，锻炼实践能力，增强解决问题的能力。

其次，组织创业竞赛是激发学生创新热情的有效途径。这种竞赛形式不仅可以为学生提供一个展示和实践的舞台，还能够引导他们在竞争中提高创新能力。通过参与创业竞赛，学生需要深入思考商业模式、市场推广、团队协作等方面的问题，这有助于全面培养他们的综合素质。

在建立引导与激发机制的过程中，需要注意平台和竞赛的设计要贴近学生的实际需求和兴趣，避免流于形式，确保其对学生产生实质性的影响。同时，要充分考虑不同专业背景、兴趣爱好的学生，确保机制的包容性和灵活性，以满足不同层次学生的需求。

建立系统的引导与激发机制对于推动大学生的创新实践至关重要。通过提供实践平台和组织创业竞赛等方式，可以有效引导学生将创新意识付诸实际行动，为其未来职业生涯的发展提供有力支持。这一机制的建立不仅有助于学生个体的成长，也有益于整个创新创业教育体系的不断完善。

（三）人生观和价值观的塑造

1.关键时期的思想引导

大学时期是人生观和价值观形成的关键时期，而创新创业教育在传递知识的同时，更需要注重对学生的思想引导，以培养他们积极向上、勇于担当、敢于创新的人生态度。

首先，创新创业教育要注重对学生人生观的塑造。大学生正处于自我认知和社会融合的阶段，其人生观的形成受到多种因素的影响。在这一关键时期，创新创业教育应该通过课程设置、教学内容等方面，引导学生审视自我、认识社会，培养积极向上的人生态度。通过成功的创新创业案例、先进企业家的事迹等，激发学生对于人生价值的思考，使其能够更好地理解和把握自己的人生方向。

其次，价值观的培养也是创新创业教育的重要任务。创新创业不仅仅是需要技术和商业层面的创新，更需要有对社会、对团队的责任心和价值观的引导。在教育过程中，可以通过引入企业家精神、社会责任理念等内容，引导学生树立正确的价值观，使其在创新创业实践中能够兼顾经济效益与社会效益，以追求可持续发展。

最后，思想引导需要注重创新创业教育的特点。创新创业本身就是一种颠覆传统、勇攀高峰的思维方式，因此在教育中要鼓励学生超越传统思维模式，培养勇于接受挑战、追求创新的思想品质。可以通过案例分析、团队项目等形式，激发学生面对未知挑战时的勇气，培养创新思维和开拓精神。

总体而言，创新创业教育的思想引导是培养学生全面素质和创新能力的重要环节。通过引导学生形成积极向上、勇于担当、敢于创新的人生态度，不仅有助于他们更好地应对职场未知挑战，也为社会培养了更多具有社会责任感和创新意识的人才。

2.创业实践中的价值观培养

通过创业实践，教育者得以深入培养学生的创业价值观，使其在创业过程中更加理性地面对风险、克服挫折，并逐渐形成积极向上的心态。这一创业实践中的价值观培养不仅有助于学生个体的成长，更为整个创业团队的稳健发展提供了坚实的基础。

在创业实践中，学生往往会面临诸多的挑战和风险，如市场变化、竞争压力、资源不足等。通过创业教育，教育者可以引导学生认识到创业的本质是一个充满不确定性的过程，风险是创业不可避免的一部分。通过经历实践中的挫折和失败，学生能够更加理性地看待问题，对失败进行深刻反思，从中吸取教训，培养出乐观坚韧的心态。

除此之外，创业实践也是培养学生团队协作与沟通能力的有效途径。在团队合作中，学生需要理解并尊重团队成员的不同观点和价值取向，培养出积极的团队协作精神。通过共同奋斗的经历，学生能够更好地理解合作的重要性，形成对共同目标的共鸣，培养出具备集体主义精神的创业价值观。

创业实践中的价值观培养也体现在对社会责任的关注上。创业不仅是为了实现个体的经济利益，更应该关注对社会做出的贡献。在创业实践中，通过强调社会责任的理念，教育者可以引导学生思考他们的企业如何服务社会、解决社会问题，培养出具有社会责任感的创业者。

创业实践中的价值观培养是创业教育不可或缺的一部分。通过理性面对风险、克服挫折、团队协作、社会责任等方面的培养，学生将更全面地理解创业的本质，形成积极向上的创业价值观，为未来的职业生涯奠定了坚实的基础。

二、创新创业教育的特征

创新创业教育是一种前沿性的全新理念，它的提出和发展历史还不长，创新创业教育所瞄准的是未来教育的发展趋势和社会需要。创新创业教育具有三个特征即时代性特征、实践性特征和普遍性特征。

（一）时代性

1. 适应社会变革的时代精神

创新创业教育的显著特征之一是其与时代发展的密切关系。在当前社会，革新和创造成为焦点，社会迅速变化。创新创业教育的兴起是对传统教学的继承和发展，紧密结合时代脉搏，反映社会对于培养创新力的迫切需求。

2. 跨学科整合

创新创业教育是多学科交叉的产物，涵盖经济学、社会学、管理学等领域。其内容综合了道德、伦理、诚信等多方面要素，呈现出一种多元的、综合性的特征。创新创业教育与其他学科相互关联，共同促进学科之间的进步和成长。

3. 要求更高的社会环境

时代性要求创新创业教育适应社会环境的变化，具有更高的社会要求。作为先进的、科学的教育理念和模式，创新创业教育必须与时俱进，反映当今社会发展的时代精神，以应对不断变化的社会需求。

（二）实践性

1. 实践验证

创新创业教育强调实践性的验证，认为实践出真知。不仅仅在理论层面探讨，更强调对理论的实际验证。教育的目标是培养学生的品德和能力，创新创业教育将理论与实践相结合，通过实际验证让学生深刻感受创业的过程。

2. 终身教育的体系

在知识经济时代，创新创业教育被视为终身教育的一部分，构建了一个完善的终身教育体系。这个体系不仅注重学生的创新创业能力培养，更强调在整个人生过程中，不断提升学生的创新创业素养，以适应社会的不断变化。

（三）普遍性

1. 全阶段教育

创新创业教育具有普遍性，不仅限于大学生，也包括小学生、中学生。创新创业教育的普及性表现在教育对象的广泛，它为每一个学生提供必要的创新创业教育，强调培养每个学生的创新创业能力。

2. 灵活运用多种教学手段

为适应不同学生的需要，创新创业教育在教学设计中灵活运用多种教学手段。这包括新颖的体例、实训、丰富的内容等，通过不同的方式满足不同学生的需求，使创新创业教育更具普适性。

3. 市场导向与能力培养

创新创业教育以市场为导向，以能力培养为目标。它通过实际应用培养学生的实践能力，以市场需求为指导，强调培养学生适应社会变革的能力。

创新创业教育的这些特征使其成为一个符合时代发展、强调实践验证、具有广泛适应性的综合性教育理念和模式。

三、创新创业教育面临的挑战和问题

大学生创新创业教育虽然取得了一定的成绩，但是仍然存在一些问题，本课题研究从宏观、中观、微观三方面进行论述。宏观层面主要是社会环境层面，包括文化环境和政策环境方面存在的问题；中观层面即高等院校层面，包括师资队伍和课程体系方面存在的问题；微观层面即学生个体层面，包括现状分析和问题根源解析方面存在的问题。

（一）社会环境层面

1. 文化环境

创新创业教育具有时代特征，因此，创新创业教育是在一定的社会文化背景下产生的，传统观念具有深远的影响力。在中国，创新创业教育的时代性特征决定着它必然受到社会传统观念的影响。传统文化中的消极因素制约着创新创业教育的发展，而传统文化中的积极因素促进了创新创业教育的发展。因而，我国传统文化中就业理念在某种程度上影响到大学生创新创业教育的发展。

（1）传统观念的深远影响

在中国，创新创业教育的时代性特征受到传统观念的影响。中国长期处于农业国家地位，以前半封闭的状态导致传统文化中存在重农轻商的思想。这种思想的影响根深蒂固，对创新创业教育的发展产生消极影响，阻碍了创业土壤的形成，缺乏创业氛围，影响了大学生的创业意愿。

（2）西方文化的创新精神对比

相比较之下，西方国家赋予人们勇于探索、敢于冒险、勇于挑战的精神。美国等国家的社会文化环境中，强调个体的探险精神，为创新创业教育提供了良好的土壤。西方的海洋精神为人们树立了勇于面对未知的信心，与中国传统文化形成鲜明对比。

（3）就业理念对创新创业教育的影响

中国的就业理念在一定程度上影响着大学生创新创业教育的发展。长期以来，中国传统文化强调稳定就业，缺乏对创新创业的培养。这导致受教育者的思想相对顽固，创造性思维不灵活。随着社会的发展，提出"创业教育本土化"成为必要，高校开始汲取中国传统文化的优秀部分，而舍弃不利因素。

2.政策环境

（1）创新创业政策的出台

中国政府为鼓励高校实施创新创业教育，相继出台与创业相关的政策文件。这些政策旨在引导高校开展创新创业教育，支持大学生自主创业，破解就业难题。政策的制定为创新创业教育提供了政策法规的支持。

（2）国际政策与创新创业教育的关系

与此相对比，美国等国的大学生创新创业教育成效得益于政府政策的大力支持。美国完善的政府政策体系和资金支持为大学生创新创业教育创造了良好的环境。政府对创新创业教育的投资和政策导向，直接促进了美国大学生创新创业的成功。

（3）政策落地的挑战

高成本是制约创新创业教育发展的重大难题，而政府在资金支持方面还需进一步加大力度，解决融资问题、提供更多的投资渠道。政府的引导力尚需加强，详细规定如何向初创业者提供支持，确保政策的贯彻执行，以增强大学生创新创业的信心。

（二）高等院校层面

开展创新创业教育，根据不同的需求，高校需要遵守主体性原则，每个人的能力不同、个性不同、观念也不相同，高校应该因材施教，因人而异，坚持以人为本的教育理念。因此，在创业的道路上，需求也不相同，不是每个人都能满足大学生创业的相关素质要求的。但是，高校在进行大学生创新创业教育过程中，采用全面覆盖学员的方式，未考虑到学生的差异性，而开展统一的课程。这种教育方式在一定程度上可以说是急功近利，在提升大学生创业意识方面不能起到一针见血的效果。另一方面，现阶段解决大学生就业困难是高校大学生创新创业教育的价值取向，减轻大学生的就业压力也是高校的一项重要任务，而有些高校并没有把它当作是培养优秀创业人才的长期行为，也没有认识到创新创业教育的长远意义，最后导致大学生创新创业教育内涵方面的缺失。因此，在一定程度上大学生创新创业教育不仅失去了其原本应有的价值，而且降低了其有效性。

1.师资队伍

（1）现状分析

在大学生创新创业教育领域，中国高校师资队伍存在明显的差异。有的教师拥有丰富的创业经验和创新意识，能够将理论与实践有机结合，为学生提供有价值的实际经验。然而，另一些教师缺乏创业背景，理论知识过于脱离实际，影响了创新创业教育的有效性。在美国等一些发达国家，创新创业教育师资队伍多数来自实际创业领域，拥有丰富的企业家精神。相比之下，中国的一些高校创新创业教育仍然缺乏企业家精神的灌输，这导致学生在课堂上难以真切感受到创业的激情和实践。

（2）问题根源解析

中国高校在创新创业教育中普遍采用传统的课堂讲授方式，缺乏实践性的教学方法。这种单一的教学方式既难以激发学生的创新创业兴趣，也无法很好地将理论知识与实践相结合。师资队伍的参差不齐主要源于招聘标准的不明确和培训机制的缺失。有的高校在师资选拔上过于注重学科背景，而忽视了实际创业经验的重要性。同时，缺乏系统的培训体系，导致部分教师无法适应创新创业领域的教学需求。

创新创业教育与专业教育未能有效地融合。有的高校将创新创业课程孤立设置，而非将其纳入学科体系，导致创新创业教育的内容脱离实际专业背景，难以为学生提供有针对性的知识。

2. 课程体系

（1）现状分析

创新创业教育课程体系是培养创新创业人才的核心环节，然而，许多高校在实际操作中存在明显问题。尽管教育部逐年发布相关政策，要求高校加强创新创业课程建设，但实际情况显示，课程体系依然不够完善。一些高校创新创业课程缺乏明确的培养目标，未能明确学生应该具备的核心能力和技能。这导致课程设置和教学内容的随意性，进而影响了学生在创新创业领域的系统性学习。

（2）问题根源解析

创新创业课程体系普遍存在内容理论与实践脱轨的问题。有些课程过于注重理论知识传授，而缺乏实际案例和创业经验的引导，使学生难以将所学知识应用到实际创业环境中。在创新创业教育中，实践性是至关重要的。然而，一些高校创新创业课程体系缺少统一的实训环节，学生缺乏真实的创业操作经验，难以在实际中培养创新创业能力。创新创业课程体系中的教学评价环节不够明确。缺乏科学合理的评价标准，难以全面客观地评估学生在创新创业教育中的综合能力和实际水平，影响了培养效果的可量化和可比较性。

（三）学生个体层面

1.现状分析

中国大学生就业压力报告的数据清晰揭示了一个令人深思的问题：大学生缺乏实践创新能力，成为影响其就业的首要因素。这一问题引发了对我国大学生创新创业整体能力的深刻反思，尤其是在自主创业方面相较于发达国家存在明显差距。深入剖析这一现象，可以从多个层面着手，以全面了解背后的原因和可能的解决途径。

首先，创新创业能力的匮乏部分根源于大学生在校期间接受的创新创业教育。尽管有创业课程的设置，但在实际教学中，学校还是更注重理论而非实践。创新创业需要行动导向的实践，而目前的课程设置未能真正培养学生在实际场景中运用所学知识的能力。缺乏实践经验的学生很难应对现实创业挑战，使创新创业教育的实效性大打折扣。

其次，大学生在专业学科上接受了丰富的理论知识，但这些知识与实际创业需求之间存在差距。创业往往需要综合运用各个领域的知识，而传统学科体系可能使学生陷入知识的碎片化。在跨学科的创业环境中，大学生可能因为专业的局限性而感到手足无措，无法将所学知识有机地结合在创新创业实践中。

再次，传统社会观念在一定程度上制约了大学生创新创业的积极性。在中国，许多家庭仍然更看重传统的安稳就业，而不是支持孩子从事风险较大的创新创业。这种观念的传承，使大学生对创业产生犹豫和恐惧心理，缺乏在创业领域尝试的勇气。

最后，大学生要想培养创新创业能力，需要有一定的平台支持。然而，在一些高校中，缺乏有效的创新创业平台，如实验室、创业孵化器等，使学生缺乏实践锻炼的机会。平台的匮乏也限制了学生与实际创业者的互动，使其难以融入创业实践的社会网络。

大学生创新创业能力的匮乏是一个多因素综合作用的问题。从创新创业教育的角度、学科专业设置的角度、社会观念的角度以及平台支持的角度，都需要系统性地进行改进，以期望培养更具实践创新能力的大学生，促进我国创新创业事业的繁荣与发展。

2.问题根源解析

（1）对国家政策和市场信息缺乏深入了解

首先，大学生在创业过程中普遍存在对国家政策了解不深入的问题。中国政策体系繁冗复杂，而大部分大学生在校期间并未接受系统的创业政策培训，导致对创业相关政策的认知存在片面性和不足。对国家政策缺乏深入了解，使大学生在创业过程中难以合理规循政策，可能面临法律风险和经营不规范的问题。

其次，大学生在创业过程中普遍面临创业方向不明确的问题。由于在校期间主要接触专业知识，对市场需求和行业趋势了解不足，大部分大学生在创业初期往往缺乏清晰的创业方向。这种不明确的创业方向使他们在市场竞争中难以找到差异化优势，以此增加了创业的风险。

再次，大学生创业者在市场信息获取方面存在滞后性的问题。由于受学科专业和学术背景的限制，他们可能对市场行情、消费趋势等方面的信息了解不足。这使他们在创业初期难以准确洞察市场需求，制订合适的经营策略，从而影响创业项目的可行性和成功率。

最后，大学生创业者在国家政策和市场信息方面的缺失，不仅对个体创业者造成不利影响，也制约了整个创业领域的发展。由于创业者的信息滞后，可能导致创业失败率升高，给创新创业生态系统带来一定的不确定性和未知挑战，影响了创新创业的健康发展。

（2）自身估值与实际能力不符

首先，部分大学生在面临就业选择时普遍存在对自身估值偏高的问题。一些学生由于在学术成绩和校园经历等方面取得优异表现，形成了过高的自我认知，认为自己能够轻松胜任高薪职位。然而，这种高估值往往与实际能力不相符，导致在求职过程中选择不当，错失更适合的岗位。在创业领域，这种高估值同样可能导致对创业风险的低估，使创业者在面对困难时缺乏足够的应对能力。

其次，由于对自身估值过高，部分大学生在创业领域缺乏独立辨析、思考和行动的能力。过高的自我评价可能使他们忽视对市场、行业、竞争对手等因素的全面考量，容易陷入理想主义的陷阱。在创业中，独立辨析和思考的能力是成功的关键，但由于高估值造成的自负可能使创业者对外部信息缺乏足够的敏感性，导致创业方向的盲目性和不确定性。

再次，部分大学生对自身估值过高，创新创业意识相对较淡薄。他们更倾向于选择传统的、看似稳定的职业路径，对于创新创业的理念和概念缺乏深刻认知。这使他们对创新创业的机会缺乏敏感性，对于未知领域的探索和冒险欠缺积极性，影响了创新创业的发展。

最后，自身估值与实际能力不符可能带来职业困扰。在职业发展过程中，当实际工作要求与自身能力不匹配时，可能导致职业瓶颈和挫折感，影响职业生涯的长期稳定。这也会在创业者中埋下心理障碍，使其更难适应创业中的不确定性和压力。

第 三 章

大学生创新创业教育理论探索

第一节　教育理论基础综述

一、创新理论

（一）创新的概念与发展

1. 创新的定义

创新是一种在现有体系框架内或基础上进行的活动，通过引入新的元素、方法或思维方式，以创造新的、有价值的事物或改善现有事物的过程。这涵盖了对现有体系的深刻改变，旨在推动社会、经济和科技的发展。创新并非是一种孤立的行为，而是一种在不断演进和变革的过程中实现的动态实践。

约瑟夫·熊彼特在 1912 年首次提出了创新的概念，并对其进行了深刻而具体的定义。他将创新定义为建立新的生产函数的过程，强调了创新作为一种动态活动，能够深刻地改变整个生产系统。这一定义揭示了创新的重要性，不仅是为了创造新事物，还在于对现有事物进行革新，使其更符合社会的需求。

创新的本质在于对现有体系的扩展和更新。它不仅仅关注技术和科学领域的进步，更包括社会制度、文化观念以及商业模式等方面的变革。创新是一种开放的思维方式，需要对传统观念进行挑战，引入新的理念，以推动整个社会朝着更加先进、可持续的方向发展。

在创新的过程中，不仅要关注新事物的产生，还要考虑其对社会的实际价值。创新并非盲目追求新奇性，而是在为社会创造价值的同时，注重对现有事物进行优化和改进。这种对创新价值的关注使创新不仅仅是一种科技推动，更是社会进步的引擎。

创新是一种动态而广泛的活动，涵盖了对现有体系的改变和优化。约瑟夫·熊彼特的定义为我们提供了对创新的深刻理解，强调了其对生产系统的深刻影响。创新不仅仅是技术领域的推动力，更是社会进步的关键要素，其实践价值在于为社会创造新的、有益的事物，以促使整个社会更好地适应变革与发展。

2. 创新的历史演变

创新的概念在 20 世纪 50 年代经历了一场重要的演变，这一时期标志着人们对创新理论的认知发生了深刻的变化。传统的观点主要聚焦在生产力的角度，然而，随着科技在经济中的不断凸显，人们逐渐意识到技术创新在社会和经济发展中的关键作用。

在这个演变的过程中，人们开始更加关注技术创新对经济和社会的积极影响。20 世纪 50 年代，约瑟夫·熊彼特提出了创新理论的基本观点，他将创新定义为建立新的生产函数的过程。这一定义强调了创新不仅仅是改良现有体系的过程，更是一种通过引入新元素、方法或思维方式来创造新的、有价值事物的活动。此时，创新开始从传统的生产力理论中脱颖而出，而被重新定义为一种推动经济增长和社会进步的动力。

重视技术创新的观念使创新理论逐渐深化，成为推动社会进步的核心要素。科学技术在经济和社会中的作用变得愈加凸显，人们开始认识到创新是推动社会不断发展的重要引擎。从此以后，创新理论逐渐演变为一种更全面、更深刻的概念，其不仅关注技术的推动，还包括对社会、文化、商业等方面的广泛影响。

创新的历史演变表明了人们对其认知的深化。从传统的生产力观点到对技术创新的重新认知，创新理论在 20 世纪 50 年代经历了一次重要的变革。这一演变不仅影响着学术领域对创新的理解，更在实践中推动了科技的快速发展，为社会带来了深远的影响。

（二）创新与大学生创业教育

1. 创新理论在大学生创新创业教育中的意义

创新理论为大学生创新创业教育提供了理论支持。在大学生创业教育中，强调的不仅是传授专业知识，更是培养学生的创新思维和实践能力。创新理论强调经济增长的内生动力，与培养大学生创业精神、拓展创新能力的目标高度契合。它使教育者更好地理解创新的本质，为设计创业教育课程提供了深刻洞察力。

2. 大学生创新创业教育的实践路径

基于创新理论，大学生创新创业教育应注重培养学生的创新意识和实践能力。

通过开展创新型的项目和实践活动，引导学生运用新的思维方式解决问题，提高创造性思维和团队协作能力。同时，教育者应关注学生对新事物的接受程度，通过激发学生的好奇心和求知欲，培养他们对未知领域的敏感性，为将来的创新奠定坚实的基础。

（三）未来创新理论的趋势

1.创新理论的前瞻性

未来创新理论可能在以下几个方面发展：首先，注重跨学科研究，将不同领域的知识整合，推动更广泛的创新；其次，关注创新与可持续发展的结合，强调创新对社会、环境的积极影响；最后，强调数字化和技术创新在推动社会变革中的作用，倡导更加开放和协同的创新方式。

2.创新理论在全球化时代的适应性

随着全球化的加速，创新理论需要更好地适应不同文化和经济体系的需求。跨文化的研究和全球性的创新网络可能成为未来创新理论发展的重要方向，以促进全球创新资源的共享和交流。

深入研究创新理论，可以更好地理解大学生创业教育的内在逻辑，为培养具备创新能力的新一代创业者提供更科学的指导。

二、个性化教育理论

（一）个性化教育的理念与实践

1.个性化教育的核心理念

个性化教育理论根植于对每个学生独特性的尊重和认可。其核心理念在于认识到每个学生在思维、情感和社会方面都具有独特性，且这种独特性应当成为教育的出发点。个性化教育强调个体差异性，不仅仅在于教育内容的差异化，更是对学生学习风格、兴趣和潜力的深刻了解，以制订更加贴近学生个体需求的教育方案。

个性化教育理论的核心在于提倡因材施教，充分认识到学生个体的差异性是自然而然的现象。每个学生都是独特的个体，有着不同的学习方式、兴趣爱好以及潜在的发展潜力。因此，个性化教育致力深入了解每个学生的个性特征，以便更好地满足其学习需求。这种教育理念认为，在教育过程中，应当注重挖掘和发展学生个体的优势，通过个性化的教学方式激发学生的学习兴趣，促使其在教育环境中更好地发挥自身潜力。

在个性化教学的框架下，教育者需要更加关注学生的个体差异，并在教学中采用灵活多样的方法来应对这些差异。这包括了个性化的学科选择、灵活的学习进度安排以及差异化的评价方式。通过深入了解学生的兴趣和特长，个性化教学追求为每个学生提供最适合其个体需求的学习路径，使其在教育中能够充分发展自身潜力。

个性化教育理论的核心理念是对学生个体独特性的认可和尊重。它致力在教育中更全面地了解和满足学生的个体需求，通过因材施教的方式，激发学生的学习潜力，推动其全面发展。这一理念不仅对教育实践提出了新的要求，也为培养更具个性化、全面素质的学生提供了有益的指导。

2. 个性化教育的实践路径

个性化教育在实践中强调因材施教，注重学生个体差异的研究。实践中的个性化教学需要教育者通过多元的评估手段，全面了解学生的特长、弱势和学科偏好，以便更好地调整教学策略。同时，个性化教学也提倡在教学过程中给予学生更多的自主权，使其在学习中更具主动性和积极性。

首先，个性化教育的实践路径体现在对学生个体差异的全面了解上。教育者需要运用多元的评估手段，包括但不限于学科能力测试、兴趣测评、个性特征调查等，以获取学生的全面信息。这些评估手段能够揭示学生的学科优势与劣势、个性特点、兴趣爱好等方面的信息，为制订个性化教学方案提供依据。

其次，个性化教学的实践路径涉及教学策略的灵活调整。在了解学生个体的差异后，教育者应根据学生的需求和特点调整教学内容、教学方式和评价方式。这包括个性化的学科选择，根据学生的兴趣和擅长领域设置灵活的学科课程。同时，在教学过程中，差异化的教学方式也是个性化教学的关键，例如分层教学、小组合作学习等，以更好地满足学生的学习需求。

最后，个性化教育实践的关键在于激发学生的自主性和主动性。教育者应当给予学生更多的自主选择权，鼓励他们参与学习决策，培养其独立思考和解决问题的能力。这涉及教育者在教学设计上考虑学生的个体差异，创设有利于学生自主学习的环境，提供个性化的学习资源。

个性化教育的实践路径需要教育者通过多元手段评估了解学生个体差异，灵活调整教学策略以满足学生需求，并通过激发学生的自主性和主动性促进其全面发展。这一路径的实施有助于更好地培养具有个性特色的学生，推动教育实践朝着更为灵活、多元的方向发展。

（二）个性化教育与大学生创新创业

1. 个性化教育在创新创业教育的意义

大学生创新创业教育注重培养学生的创新思维和实践能力，与个性化教育理念紧密契合。个性化教育的核心理念在于尊重和认可每位学生的独特性，强调根据个体差异制定差异化的教育方案。这与创新创业教育的目标相契合，两者都关注培养学生的个性化特质，使其在创新创业领域中更好地发挥优势。

首先，个性化教育为创新创业教育提供了个体发展的有力支持。通过深入了解学生的兴趣、特长和学科优势，个性化教学能够精准地引导学生选择适合个体发展的创新创业方向。这有助于激发学生对创新创业的兴趣，使其更加主动地投入相关学科和实践中。

其次，个性化教学促进了学生独立思考和解决问题的能力，这正是创新创业所需的核心素养。在创新创业的过程中，学生需要面对各种挑战和问题，而个性化教学注重培养学生的自主性和主动性，使其具备更强的问题解决能力。这种培养有助于学生在创新创业领域中更加从容地应对各种情境，不断寻找创新解决方案。

除此之外，个性化教育还可以为学生提供更灵活、个性化的创新创业教育路径。通过因材施教的方式，个性化教学能够根据学生的发展阶段和兴趣特点，量身定制创新创业教育的内容和形式。这有助于提高学生对创新创业课程的参与度和学习效果。

个性化教育在大学生创新创业教育中具有重要的意义。它不仅有助于激发学生对创新创业的兴趣，提高其创新创业的主动性，还能够培养其独立思考和问题解决的能力，为学生在创新创业领域取得更好的发展打下坚实的基础。因此，在创新创业教育实践中，个性化教育理念的应用将为培养更具创新创业潜力的大学生提供有益的支持。

2. 个性化教育对创新创业能力的塑造

个性化教育理论为大学生创新创业能力的塑造提供了重要支持。在创新创业领域，个性化教育注重对每个学生独特性的尊重和认可，致力深度挖掘学生个体的优势，并通过差异化的教育方式引导其发展。这对于培养学生在创新创业中的核心能力具有积极意义。

首先，个性化教育理论为学生提供更多展现个体优势的机会。创新创业领域需要多元化的创意和才能，而个性化教育通过深入了解学生的兴趣、特长和学科优势，为他们创造了更灵活的学习环境。这有助于每个学生更好地发现、发挥和展示自己在创新创业中的独特优势，从而为其创业道路打下坚实的基础。

其次，个性化教学通过关注学生的发展轨迹，有针对性地培养创新创业能力。创新创业不仅仅是知识和技能的积累，更需要具备创新思维、团队协作、解决问题的能力等多方面素养。个性化教育能够更精准地了解每个学生的学科偏好和学习方式，为其提供符合个体差异的创新创业教育。这有助于培养学生在创新创业中所需的综合能力，使其更好地适应未来竞争激烈的创业环境。

除此之外，个性化教育理论还强调学生在学习中的自主性和积极性，为他们提供更多自主发展的机会。在创新创业领域，具备自主精神和积极主动的态度是取得成功的重要条件之一。个性化教学激发学生对创新创业的主动兴趣，使其在学习和实践中更加积极主动，形成更为自主、独立的创新创业思维。

个性化教育理论对大学生创新创业能力的塑造起到了积极的作用。通过关注个体差异，挖掘个体优势，有针对性地培养其创新创业能力，个性化教学为学生提供了更多展现自身特质和取得成功的机会，有助于培养更具创新创业潜力的大学生。

（三）未来个性化教育的趋势

1. 教育科技与个性化教育

随着教育科技的发展，个性化教育将更多地依赖智能化工具。定制化的学习路径、智能化的学习评估系统将成为个性化教育的发展趋势。这将使教育者更好地把握学生的个体差异，有针对性地进行教学设计。

2. 社会认知与个性化教育

个性化教育将越来越受到社会的认知和支持。社会对于多元化发展的关注和对个体差异的尊重将推动个性化教育理论在实践中的深入推广。社会对于创新创业的需求也将强化个性化教育在培养创新人才方面的作用。

通过深入理解个性化教育理论，大学生创新创业教育可以更有效地促使学生发展潜能、凸显个体优势，为其未来的创业生涯提供更有力的支持。

三、思想政治教育环境论

（一）文化环境与思想政治教育

1. 文化环境的定义与体现

文化环境是一个国家和民族文化发展的复合体现，它在多个方面反映了社会的文化现状、需求和追求。首先，文化环境包含着国家和民族的传统文化，是过去智慧与经验的传承，承载着民族的认同感和归属感。这些传统文化元素如语言、宗教、风俗等，构成了文化环境的重要组成部分。其次，文化环境紧密关联着当代文明的发展，包括科技、艺术、教育等多个领域的进步。这体现了社会对知识和创新的追求，为文化环境注入了新时代的活力。解放思想作为文化环境的关键元素，是推动国家创造力和文化发展的基石，为社会在变革中找到前行的动力。

2. 文化环境对思想政治教育的影响

（1）积极向上的文化环境有助于培养创新思维和开放精神

积极向上地文化环境是推动社会进步和个体成长的重要动力。这种文化环境鼓励人们超越传统观念，勇于尝试新思想、新方法，培养创新思维。在思想政治教育中，这意味着更容易激发学生对不同观点的接纳和理解，培养他们问题解决的创造性能力。

（2）文化环境的变革与更新引领社会思潮的发展

文化环境的不断变革与更新对社会思潮的发展有深远影响。社会的价值观、道德观念随着文化环境的变化而不断演进，这为思想政治教育提供了更加丰富的教材和案例。同时，新的文化元素的引入也能够促使思想政治教育保持与时俱进，以更好地适应社会发展的需要。

（3）实践改造和优化文化环境有助于提高思想觉悟

通过实践改造和优化文化环境，人们的思想觉悟得以提高。这意味着对于思想政治教育而言，不仅需要在课堂中进行知识传递，还需要通过实践活动、社会参与等方式，使学生更好地理解和应用所学知识。良好的文化环境能够为实践活动提供有力支持，使学生在参与中更好地体验和领悟思想政治的内涵。

文化环境不仅体现了一个国家和民族的文化底蕴，也是思想政治教育的重要背景。积极向上的文化环境有助于培养学生创新思维和开放精神，文化环境的变革与更新引领社会思潮的发展，而实践改造和优化文化环境则能够提高人们的思想觉悟，为更高层次的思想政治教育创造有利的条件。

（二）思想政治教育环境论与大学生创新创业

1. 大学生创新创业教育的角色

大学生创新创业教育在思想政治教育中扮演着关键的角色。它不仅仅是知识传递的场所，更是培养学生独立思考和社会责任感的平台。通过注重学生创新能力和实践经验的培养，大学生创新创业教育旨在激发学生的创新潜力，培养他们的创业精神和团队协作能力。在文化环境中，大学生能够更好地理解创新创业的理念，从而形成积极向上的人生观和价值观。教育不仅关注学科知识的传授，更强调培养学生的综合素养，使其具备更好的社会适应能力和创新创业的基本素养。

2. 文化环境对大学生创新创业的引导作用

文化环境的塑造对大学生创新创业教育至关重要。通过创造鼓励创新、尊重个性的文化氛围，大学生更有可能在创业中发挥个体潜能。解放思想的文化环境能够激励大学生勇敢追求创新，同时培养他们对社会问题的敏感度，使其在创新创业过程中更具有社会责任感。文化环境的引导作用不仅在于提供资源和机会，更在于影响学生的认知结构和行为模式。通过文化环境的积极引导，大学生更容易接受创新创业的理念，积极投身于创业实践。

3. 环境对思想政治教育的双向影响

文化环境不仅是思想政治教育活动的动机源泉，也是推动思想政治教育不断发展的重要因素。积极的文化环境能够激发社会对于思想政治教育的需求，推动相关理论与实践的不断创新。良好的文化环境能够引导大学生形成正确的人生观和价值观，使他们更好地理解和认同思想政治教育的内容。与此同时，大学生创新创业教育的成功实施也有助于形成积极向上的文化环境，为思想政治教育提供成功案例和实践经验。在这种双向影响中，文化环境与大学生创新创业教育共同促进社会的进步和发展。

第二节　创新创业教育理论模型分析

创新创业教育理论模型涵盖了多个知识维度，其中包括创新理论、教育理论、心理学理论等多方面的内容。

一、创新理论维度

（一）创新过程理论

1.问题定义阶段

创新过程理论的第一个关键阶段是问题定义。在这一阶段，创新者需要明确定义问题，明确创新的方向和目标。这包括对市场需求、技术挑战或社会问题的准确定义。教育者在教学设计中可以引导学生通过案例分析、市场调研等方式，培养他们准确识别并定义问题的能力。强调创新活动始于对现有问题的深入认知，使学生在问题定义阶段建立对创新目标的清晰认识。

2.信息收集阶段

在创新过程的信息收集阶段，创新者通过广泛的信息收集，获取相关领域的知识和资源。这一阶段要求学生具备信息筛选和分析的能力。教育者可以通过开展文献研究、专业讲座、行业考察等活动，培养学生获取高质量信息的技能。强调学生需要建立广泛的信息网络，为创新提供充分的支持和参考。

3.思考创意阶段

创新的思考创意阶段强调创造性思维和创意技巧的运用。在这一阶段，学生需要提出各种可能的解决方案。教育者可以通过创意训练、设计思维课程等方式，培养学生的创新思维。强调学生需要超越传统思维框架，勇于提出非传统、创新型的解决方案。这一阶段的培养有助于学生形成开放、灵活的思维模式，为创新活动奠定坚实的基础。

4.实施创意阶段

实施创意阶段是将选定的创意付诸实践，转化为具体的产品、服务或流程。在这一阶段，学生需要具备项目管理、团队协作等实际操作技能。教育者可以通过项目导向的学习、模拟实践等方式，培养学生的实际操作能力。强调学生需要将创意转化为创新成果，注重实际操作的可行性和可持续性。

5.评估反馈阶段

创新过程理论强调在评估反馈阶段对创新成果进行全面评估，获取反馈信息，并做出调整。在这一阶段，学生需要具备自我反思和改进的能力。教育者可以通过案例分析、项目评审等方式，培养学生的评估能力和反馈能力。强调学生需要将反馈信息转化为行动，形成创新活动的循环迭代。

这一创新过程理论为创新创业教育提供了具体而系统的教学框架，使教育者能够有针对性地培养学生系统性的创新思维和实践能力。通过在每个阶段注重培养不同的技能和能力，创新创业教育可以更加全面地推动学生成为具备创新能力的专业人才。

（二）创新型组织理论

1.组织的核心竞争力

创新型组织理论强调创新是组织的核心竞争力，使其在市场竞争中取得优势地位。教育者在教学设计中可以引导学生深入理解创新对组织发展的关键性作用。这包括组织如何通过不断引入新思想、新产品、新服务等创新元素，以提高市场竞争力。强调学生需要认识到在现代商业环境中，创新不再是可有可无的辅助因素，而是组织生存和发展的必要条件。

2.组织文化和结构对创新的影响

创新型组织理论关注组织内部文化和结构对创新的塑造。在创新型组织中，鼓励员工提出创新想法，激发他们的创造力和主动性。教育者可以通过课程设置和教学方法，培养学生对组织文化和结构的敏感性，使其认识到创新需要有利于创意涌现和传播的组织氛围。强调学生需要具备塑造积极创新文化的领导能力，促进组织内外的知识流通和沟通。

3.鼓励创新的领导风格和开放的组织结构

在创新型组织中，领导风格和组织结构起着至关重要的作用。教育者可以通过引导学生分析不同企业领导风格和组织结构的案例，使其深入了解创新型领导者如何激发团队的创新活力，以及开放的组织结构如何促进信息的共享和创新的实现。强调学生需要具备灵活的领导风格，以适应不同创新场景，并能够构建符合创新需求的组织结构。

这一创新型组织理论为创新创业教育者提供了具体的指导，使学生能够更深入地理解组织内部创新机制的运作，并为未来的创业活动打下坚实的基础。通过深度学习和实践应用，学生将能够更好地理解创新与组织竞争力的密切关系，为将来在创业领域取得成功做好充分准备。

这两个创新理论维度为大学生创新创业教育提供了系统性的理论指导，使其更有深度、更有实践性，有助于培养学生全面发展的创新创业能力。

二、教育理论维度

（一）构建主体地位理论

1.学生主体地位

构建主体地位理论在创新创业教育中强调学生的主体地位，将学生置于学习的核心位置。这一理论倡导将学生视为学习的主体，关注其个体差异和需求。在实施创新创业教育时，教育者需要通过深入了解学生的兴趣、优势和学习风格，构建个性化的学习路径。采用个性化教学方法，如小组项目、个人导师制度等，使学生在学习过程中更加主动地参与和掌握知识。

2.个性化教学的实施

在构建主体地位理论的框架下，教育者可以通过个性化教学方法，以满足学生多样化的学习需求。小组项目可以促进学生团队协作和创新能力的培养；个人导师制度可以提供定制化的学业指导，使学生更好地发挥个体潜能。此外，学生自主选题和自主学习也是构建主体地位理论的具体实践，通过让学生选择感兴趣的创新创业主题，激发其主动学习的动力。

3.关注个体发展

构建主体地位理论强调关注学生的个体发展，使其在创新创业教育中能够更好地发挥自身优势。通过引导学生了解自己的创新创业兴趣和潜力，教育者可以有针对性地提供专业的辅导和资源支持。这样的关注不仅有助于学生在创业领域找到适合自己的方向，也为他们未来的职业发展打下坚实的基础。

（二）经验学习理论

1.实践和经验的重要性

经验学习理论强调通过实践和经验获得的知识更为深刻和持久。在创新创业教育中，这一理论对于培养学生的实际操作能力至关重要。通过实际项目、实地考察等方式，学生能够在真实的情境中应用所学知识，从而更深刻地理解创新创业的本质。

2.提供实践机会

教育者应注重提供充分的实践机会，让学生参与真实的项目、实习活动等。通过实际操作，学生能够更好地理解创新创业的复杂性，培养解决问题的能力。实践机会不仅仅是理论知识的延伸，更是学生在实际应用中培养创新思维和实践能力的有效途径。

3. 培养实践中的自信心

经验学习理论注重在实践中培养学生的自信心。通过亲身经历以解决实际问题，学生在实践中逐渐建立对自己能力的信心。这种自信心不仅有助于学生更好地面对未来的创业挑战，也为其个人成长和职业发展提供了坚实的基础。

4. 结合理论提高实践效果

综合构建主体地位理论和经验学习理论，教育者可以通过个性化的教学方法和提供丰富的实践机会，激发学生在创新创业教育中的兴趣和能动性。关注学生的个体发展，须强调实践经验对于知识深化的作用，有助于培养学生全面的创新创业能力。这种结合理论的教学方式使创新创业教育更加贴近学生个人的需求，更加注重其个人实际操作能力和实践体验。

三、心理学理论维度

（一）自我决定理论

自我决定理论是一种强调个体在学习和行为中具有自主性的心理学理论。在创新创业教育中，理解并运用自我决定理论可以为培养学生的创业动机和自主性提供有力的支持。

首先，自我决定理论关注个体内在动机的影响。创新创业教育者应首先深入了解学生的个体需求和兴趣，因为这些因素直接关系到学生在创业过程中的内在动机。通过个性化的学业规划和导师制度，教育者可以为学生提供更符合其个体差异的学习体验，从而激发其对创新创业的浓厚兴趣。

其次，创新创业教育可通过创造鼓励自主参与的学习环境来实现自我决定理论的理念。教育者应设计灵活多样的教学方法，鼓励学生参与决策过程，从而提高其在创新创业项目中的主动性。例如，可以通过学生参与决策课程方向、组建项目团队等方式，培养学生在创业过程中的自主意识和能力。

再次，自我决定理论的应用需要注重设定个人目标和追求个人成就。创新创业教育者可以通过设立个性化的学习目标和挑战性的创业项目，激发学生追求自我成长和成功的愿望。这种个性化的目标设定能够更好地满足学生的需求，使其更加投入创业学习中。

最后，赋予学生更多的自主权是自我决定理论在创新创业教育中的关键。通过提供更多的选择权和决策权，教育者可以增强学生个体在学习和实践中的自主性。例如，引入学生自主选题、自主组建创业团队等机制，让学生更灵活地参与到创新创业的学习和实践中。

自我决定理论在创新创业教育中的应用是一个全方位的过程，需要从个体需求、学习环境、目标设定以及自主权赋予等多个层面进行考量。通过有针对性的实践，创新创业教育者可以更好地引导学生发挥其自主性，从而培养出更具创业精神和动力的学生。

（二）社会认知理论

1. 学习的社会性

社会认知理论强调学习是社会交往的产物，个体通过社会互动和合作来构建知识。在创新创业教育中，这一理论为培养学生的创新创业社会认知和团队协作能力提供了重要的指导。通过强调社会性学习，创新创业教育者能够更好地促进学生在团队合作中的全面发展。

社会认知理论的应用使创新创业教育更加注重学生之间的互动和协作。通过采用团队项目和合作性学习等方式，让学生在参与创新创业活动的同时，也能够更全面地理解并应用创业知识。在团队合作中，学生可以从多个角度获取信息，共同解决问题，从而培养创新创业的社会认知能力。

团队项目是社会认知理论在创新创业教育中的具体体现之一。通过团队项目，学生需要共同制订目标、分工协作、沟通协调，这不仅有助于提高学生在实际创业环境中的团队协作水平，也培养了学生的社会认知能力和团队协作能力。

合作型学习是另一种促使学生共同学习和合作的方式。通过组织合作性学习活动，教育者可以创造一个开放的学习环境，使学生能够分享知识、互相启发，从而加深对创新创业领域的理解。这种集体性学习的过程不仅能够促进个体学生的认知发展，也有助于形成团队间合作的氛围。

社会认知理论的强调使创新创业教育更加注重学生的社会性学习和团队协作。通过采用团队项目和合作性学习等方式，创新创业教育者可以更好地引导学生在社会互动中学习，培养学生的社会认知能力和团队协作能力，从而为其未来创新创业提供更加全面的支持。

2. 促进学生全面发展

社会认知理论的应用使创新创业教育更加注重学生之间的互动和协作，从而更好地促进学生全面发展。通过培养学生在社会环境中的协作技能，创新创业教育能够为学生未来的职业发展提供更为坚实的基础。

在创新创业的过程中，学生不仅需要具备专业的知识和技能，还需要具备团队协作、社会认知等软技能。通过社会认知理论的指导，创新创业教育者能够设计多样化的教学活动，引导学生在团队项目、合作性学习等实践中培养协作技能。这种实践性的学习过程不仅能够加深学生对创新创业领域的理解，还能够锻炼他们在团队协作中的沟通、协调和领导能力。

在团队项目中，学生需要面对真实的问题，共同制订解决方案，并在合作中解决各种挑战。这种实践性的学习方式不仅加强了学生在创新创业领域的专业素养，也培养了他们的团队协作能力和解决问题的能力。同时，学生在团队协作中还能够从他人的经验中学习，共同推动项目的进展，形成共同进步的局面。

合作型学习则更强调学生之间的知识共享和相互启发。通过组织合作性学习活动，教育者可以创造一个开放的学习环境，使学生能够分享创新创业方面的知识、经验和见解。这种学习方式不仅促进了学生的认知发展，还加强了他们的团队协作和沟通能力。

社会认知理论的应用不仅仅丰富了创新创业教育的教学方法，更注重学生的社会性学习和团队协作。通过培养学生在社会环境中的协作技能，创新创业教育者为学生提供了更全面的发展机会，使他们在未来的职业生涯中更具竞争力。

四、社会环境理论维度

（一）社会文化理论

社会文化理论强调社会文化对个体行为和价值观的深刻影响。在创新创业教育中，这一理论维度的应用旨在创造一种积极向上、支持创新创业的社会文化环境，以激发学生的积极创业情绪。

首先，通过传递成功创业的案例，创新创业教育可以塑造一种积极的创业文化氛围。通过深入研究和分享创业成功的故事，学生能够了解不同行业中成功创业者的经验和智慧。这有助于激发学生的创业热情，使其在创业过程中更具信心。

其次，强调创新的社会价值也是社会文化理论的一部分。创新创业教育可以通过强调创新对社会的积极影响，引导学生认识到创业不仅仅是个人追求成功的过程，更是为社会做出贡献的途径。这有助于培养学生的社会责任感和创新意识。

通过社会文化的塑造，创新创业教育有望在更广泛的社会背景中促进学生创业兴趣的培养。在这种文化氛围的熏陶下，学生将更愿意投身创新创业，并认为这是一种积极向上的生活选择。

（二）产业生态系统理论

创业生态系统理论强调将创新创业教育融入创业生态系统，构建多方合作的环境，包括企业、政府、投资者等。这一理论维度的应用旨在促进学生更好地融入创业生态系统，以获取实际创业经验和资源支持。

首先，产业生态系统的建设需要教育机构与企业、政府等多方建立紧密的合作关系。通过组织实地考察、行业沙龙等活动，学生能够深入了解实际的创业环境，并与业界专业人士进行交流。这有助于拓宽学生的视野，从而提高其在实际创业中的适应能力。

其次，教育者可以通过与投资者的合作，为学生提供融资渠道和资源支持。创新创业教育不仅要培养学生的创业能力，还要帮助他们了解创业所需的资源获取方式。通过与投资者建立紧密的联系，学生能够更好地理解创业的全过程，包括融资、运营和持续发展等方面。

创业生态系统理论的应用使创新创业教育更具实践性，能够为学生提供更多实际的机会和支持。通过与实际创业生态系统的融合，学生能够更好地理解创业的真实面貌，更好地迎接未来的创业挑战。

第 四 章

大学生创新创业教育实践模式研究

第一节　大学校园内创新创业实践研究

一、大学校园创新创业实践的主要形式

大学校园创新创业实践呈现多种形式，为学生提供了丰富的机会，促使他们更好地理解和应用创新创业理念。以下是一些主要形式：

（一）创业孵化器和孵化基地

1 创业孵化器的作用与特点

创业孵化器是大学校园创新创业实践的关键形式之一。这些机构旨在为有创业意愿的大学生提供全方位的支持，从项目的初创阶段到发展成熟阶段，以提供办公场地、资源共享、导师辅导等支持服务。创业孵化器在大学校园中起到了搭建创业平台、提供创新资源、促进交流合作的关键作用。

2. 孵化基地的组成和运作机制

孵化基地通常是由学校设立的具体场地，旨在为学生提供更为全面的孵化服务。这包括创业项目的物理场地、设备设施、创业培训、法律支持等多个方面。运作机制上，孵化基地会建立导师制度，将成功创业者或行业专业人士引入，为创业团队提供指导和支持。此外，孵化基地还促进不同团队之间的协作与交流，形成良好的创业生态系统。

3. 成功案例分析与经验总结

通过对成功孵化的创业项目进行案例分析，可以总结出一些成功的经验和关键因素。这可能涉及团队的组建与管理、市场分析与定位、融资与投资等方面。这样的分析对于未来创业者提供了宝贵的经验教训，为他们在创业孵化过程中更好地应对各种创业挑战提供了指导。

（二）创新创业竞赛

1. 商业计划竞赛的组织和评价标准

商业计划竞赛作为大学校园创新创业实践的一项主要活动，其组织和评价标准至关重要。学校通常会设立专门的组委会，负责规划竞赛流程、招募评审专家、组织路演和决赛等环节。评价标准包括商业模式的创新性、市场分析的深度、财务规划的合理性等多个方面，以确保最具商业潜力的项目脱颖而出。

2. 创业模拟大赛的培训与实战

创业模拟大赛通过模拟真实商业环境，让学生在虚拟市场中运营自己的企业，锻炼其实战能力。在这一形式下，学生需要在理论知识的基础上进行实际操作，包括产品定价、市场推广、财务决策等。这种实践培训能够有效提升学生的商业思维和决策能力，为将来的创业活动打下坚实的基础。

3. 创新创业竞赛的社会影响与参与者反馈

创新创业竞赛的社会影响不仅体现在获胜团队的成果上，还包括整个竞赛过程对校园创新创业氛围的推动。通过收集参与者的反馈意见，可以了解创新创业竞赛在学生中引起的共鸣与反响，评估其在激发创业热情、培养创新创业能力方面的效果。

（三）创业讲座和培训

1. 创业讲座的主题和邀请嘉宾

创业讲座通常涵盖了多个方面的主题，包括创业心得分享、行业趋势解读、市场机会分析等。学校会邀请成功创业者、行业专家、风险投资人等嘉宾，为学生提供丰富的信息和实用的经验。这些讲座旨在拓宽学生的创业视野，启发其创新思维。

2. 创业培训的内容和方法

创业培训的内容涉及创业计划书的撰写、市场调研方法、团队管理技巧等多个方面。培训通常采用多种方法，包括课堂授课、案例分析、实地考察等。通过培训，学生能够系统地学习和掌握创业所需的知识和技能，以提高创业的实战水平。

3. 创业讲座和培训的效果评估与改进

为了确保创业讲座和培训的有效性，学校需要进行效果评估，并根据评估结果进行相应的改进。评估可以通过学生的反馈问卷、参与创业活动的人数和项目成功率等多个方面进行。及时调整讲座和培训内容,可以更好地满足学生的需求,并不断提高培训的实用性和针对性,使之更好地服务于大学校园中创新创业实践的需求。

（四）创业实践课程

1. 课程设置与内容安排

创业实践课程是大学校园创新创业实践的重要组成部分。这些课程通常涵盖创业基础知识、创业过程管理、商业模式设计等内容。学校会邀请行业专家或成功创业者担任课程讲师,通过案例分析和项目实践,培养学生的创新创业能力。

2. 实际操作与团队协作

创业实践课程通常注重实际操作,通过模拟真实创业场景,让学生在团队中共同完成创业项目。这样的实践旨在锻炼学生的团队协作能力、项目管理能力以及在实际环境中解决问题的能力。

3. 学科交叉与跨专业合作

为了更全面的培养学生的创新创业能力,创业实践课程通常具有学科交叉的特点,涵盖了管理学、经济学、市场营销等多个学科领域。同时,鼓励不同专业的学生组成多元化的创业团队,促使他们能够从不同角度思考问题,形成更具创意性的解决方案。

（五）校企合作项目

1. 项目合作的形式和内容

校企合作项目是大学校园创新创业实践的一种重要形式。学校与企业可以在产品研发、市场推广、技术转移等方面展开合作。这种合作不仅使学生能够直接参与实际项目,还让企业受益于学生的创新思维和新颖观点。

2. 学术资源与实际需求的结合

校企合作项目要求学校与企业充分结合各自的资源,形成互利共赢的局面。学校可以通过合作项目向企业提供创新思维、学术研究等方面的支持,而企业则为学校提供实际市场的反馈和需求,促使学校更好地培养创新创业人才。

3. 利用合作项目推动科研与产业融合

校企合作项目的一个重要目标是推动科研与产业的融合。通过项目合作,学校可以将科研成果更好地应用到实际生产中,提高科研的实用性和应用性。同时,学生在项目中的参与也为他们将理论知识应用到实践中提供了重要机会。

二、大学校园内创新创业规划的理念

随着社会经济的发展，创新创业已成为适应时代需求的重要发展方向。为响应各地高校开展"双创"教育，推动学生参与创新与创业，一些高校积极引入各类创业课程和活动，同时新建创业园区和大学生科技园区。然而，传统校园空间设计未能充分考虑大学生创新创业的行为特征和空间需求，导致校园环境未能有效支持这一新兴活动。为了适应大学生的思维方式、生活方式和学习活动的新变化，以及创新创业的行为特征与空间需求，对大学校园进行规划与设计，成为支持创新创业的核心问题。构建新时期的大学校园规划理念需要深入分析创新创业的行为特征、空间需求，结合相关理论，以更好地满足大学生创新创业的需求。

（一）大学生创业行为催生地

大学生创业活动不同于社会创业为实现单纯的价值回报，大学生创业具有提升自身创业能力和创造价值的双重性。传统的高校教育理念对于培养和激发学生创业行为具有先天性不足，而新的教育理念和社会的不断发展让大学生创业受到更大的重视，构建创设激发大学生创业和服务大学生创业的校园空间类型、结构，实现空间助创、空间促创，将大学生校园建设成为大学生创业行为催生地。

1. 意义多样的空间类型

大学生在校园中的日常活动已经超越传统的学习、用餐和休息，呈现出更为多元化的形式。这多元的行为需求包括新型学习方式、丰富的业余生活以及积极参与创业实践等，为校园空间提出了全新的挑战。大学生不再满足于传统的学校日常活动和现有的空间格局，而是积极希望在校园内利用各类空间设施进行更为多样化的活动。在双创的大背景下，大学校园的规划设计不应受限于传统理念下的空间类型。除满足传统的教学、生活和科研需求外，校园空间还应该致力于创造有利于大学生创业以及其他新型课内外活动的功能性空间类型。为了满足这一新的功能需求，我们需要引入新的意义空间类型，更为重要的是赋予空间复合性。这样可以实现空间意义的多样化，功能的复合化，以构建出更为多样化和丰富的意义空间类型。例如，将传统的生活空间的服务性特征与经营性创业空间相融合，或者在学生公寓区创设复合化的交流空间，通过这样的空间复合来实现校园空间意义的多样化，使空间的利用更加集约，最大限度地满足多样化需求。

2. 助推创业的空间形式

大学生在校创业更多是以尝试型创业、兼职型创业为主的创业探索过程，以提升创业能力最终实现创业成功,完成"学业"到"创业"的跨越。从"学"到"创"贯穿于大学生生活、学习的各个方面,涵盖了其在校园活动的各类空间。结合传统校园空间,构建完善的支持创业空间形式实现空间助推创业。

（1）弱化孤岛效应的缝合空间

大学生在校园内进行创业主要以尝试型和兼职型创业为主,是一种探索性的创业过程,旨在提升创业能力并最终实现创业成功。这种从"学"到"创"的转变贯穿于大学生的生活和学习的各个方面,包括参与各类校园活动的不同空间。然而,传统的校园空间往往存在一定的封闭性,并且城市与校园之间存在一定的物理隔阂,形成了校园的"孤岛"效应。在当前"双创"背景下,为了实现城市与高校协同发展,必须减弱校园"孤岛"效应。这可以通过在城市与大学校园之间构建"缓冲地带"来实现,形成联系城市与校园的缝合空间。这样的设计旨在实现对外连接城市、对内承接师生的双向功能,保障大学生创业活动的便利性,使创业不再受到封闭环境的限制。

（2）强化学创互动的专类空间

近年来,随着知识经济和"双创"战略的提倡,各地高校纷纷响应,建立了一系列集中创业空间,包括创业园、科技园、小企业孵化器等。同时,大学生也利用或租用校园内既有空间,自主形成了分散的创业空间,如跳蚤市场、无人售卖店等。这些专类空间在支持大学生创业方面发挥着重要作用。为了更好地整合和完善校园内支持创业的专类空间,则需要构建创业能力培养、创业技能实践和创业实战支持的全方位创业专类空间体系。通过这一体系,实现校园空间内创学互动的良性格局,为大学生提供更为有力的创业支持。

（3）助力后勤转型的配合空间

大学的后勤系统一直是为广大师生提供各类服务以实现育人功能的。这些服务通常建立在市场经济和供需关系之上,具有明显的经济属性。考虑到大学生创业为其提供了一个现成的创业平台,后勤系统也应顺应"双创"时代,将学生创业服务作为新的育人需求。通过整合和转变部分后勤系统的空间资源,将其改造为支持创新创业的配合空间,有助于满足大学生创业在校的需求。这样的配合空间不仅可以为大学生创业提供方便,还有助于后勤系统的转型,实现其在创业育人功能方面和社会化方面的新发展。

（二）大学生创新行为培养地

根据现代创新理论，结合大学生在校创新现状、创新理论的研究和创新行为特征。设计有助于创新发生的、培养大学生创新行为的大学校园空间。

1. 开放共享的空间体系

（1）边界融通共享

在校园空间体系的规划中，需要实现边界融通共享，打破传统的封闭管理模式。通过拓展校园边界，消除物理障碍，使校园与城市更加融合。可以采取开放式的校园设计，如去除围墙、围栏等物理障碍，使校园更加容易与城市相互联系。这种开放性的设计有助于引入城市资源，促使校园与城市形成良性互动。同时，也为校外创新机构和其他社会资源提供更加便捷的接入通道。

在校园周边规划共享功能空间，可以是一种创新的手段。这些空间可以包括开放的学术交流区域、创业孵化器、实验室共享平台等，为校内师生提供更广泛的资源和合作机会。同时，这些空间也可以对外开放，方便城市居民共享高校资源。这样的设计旨在构建一个融通开放的边界空间，使校园与外部社会更加紧密地连接，为创新创业提供更为广泛的社会支持。

（2）内部多级共享

在校园内部，通过建立校级的共享组团，可以将核心建筑如综合实验楼、图书馆等整合成一个校级的共享区域。这个区域应该方便全校师生进行共享，包括实验设备、图书资源等。这种集中共享的设计有助于提高资源利用效率，推动学术交流和合作。

在学科级的组团内部，可以通过连廊等建筑结构，加强不同学科之间的连接，促进跨专业交流。各个院系办公室、研究部门、专业实验室等按照相关关联进行组合，形成学科级的内部共享区域。这样的设计有助于强化学科群建设，加强不同学科之间的协同合作。

2. 多元交流的空间特质

多元交流的空间特质在大学校园中具有重要的作用。交流作为分享、传递信息和知识的过程，在激发创新和促进知识传播方面起着至关重要的作用。在校大学生实现创新的过程中，多元交流的空间环境不仅是提供了传统的正式交流场所，还强调了非正式交流的必要性。

正式交流通常发生在既定的组织和安排下，包括会议室、教室、报告厅等功能空间。这些场所为学术研讨、正式会谈等提供了理想的环境。然而，非正式交流同样至关重要，它发生在非特定对象、非固定时间、非特定环境的情境下。非正式交流建立在社会关系的基础上，包括了闲谈、非正式会谈、吃饭时的交谈等，为自由的思想交流和创新提供了空间。

在传统的校园规划中，对正式交流空间的设计更为关注，而非正式交流的空间则往往是后来通过空间异化形成的。在双创背景下，新的教育理念强调不仅需要传统的正式交流，还需要自发学习、自主讨论等非正式交流形式来推动创新。因此，校园规划应当考虑促进非正式交流的环境和空间设计。

创新的行为特征要求校园空间不仅要包括传统的正式交流场所，还需要提供能够承载小范围自发研讨、自主交流等非正式发生的空间环境。这种空间的设置应当从规划的初始阶段就考虑，使校园既有利于正式交流，又能够支持非正式交流，形成一个互融共生的多元交流的空间特质。

在校园规划层面建立正式与非正式交流空间互融的观念，实现创新的正式与非正式交流活动整合，将有助于形成一个符合当代创新和新教育理念的校园环境。这样的设计不仅满足了传统教育的需求，更贴近当代学生的学习方式和交流习惯，为培养具有创新思维的大学生提供了更为丰富的空间。

3. 突破传统的空间形式

首先，在科研创新空间方面，传统的校园科研创新空间形式主要以单一实验功能空间和科研办公空间为主，存在实验和办公分离的情况，以及缺乏研讨空间的问题。为促进创新交流和跨学科研究团队研讨，必须突破传统的孤立科研创新空间形式。建议采用复合化的科研创新空间，集中设置相近学科群或连续科学链的实验创新空间，打破院系和学科的独立，形成科研创新空间的复合化、集聚化、组团化。此外，还应将小型办公、会议研讨和非正式交流空间与科研创新空间复合化设计，以满足科研创新过程对多样空间的需求。

其次，在教育培训空间方面，传统的大学教育过程主要以教师为主导，而学生被动地接受知识。在当今多元化的学科知识背景下，传统的被动式教学方式已经无法满足学生获取更广泛知识和创新的需求。因此，教育培训空间需要突破传统讲台式教室空间形式，构建平等互动交流的空间环境。通过设计教室布局，营造老师与学生平等互动的氛围，推动互动式的教学模式，实现知识获取与知识创新的双向促进。

再次，在外部创新空间方面，创新过程需要多种资源要素的协作，因此，外部空间应具有串联创新体系中各个子系统的特性。外部空间不仅要实现校内各类创新组团之间的连接，还需要实现组团内部、校内与校外的串联。为实现无障碍联通，外部空间应成为物质流、信息流和人流的融通渠道。这样的外部空间不仅能促进正式的创新交流，还能创造非正式交流的氛围，从而推动创新活动的发生。

最后，在整体校园规划中，这三个方面的创新空间形式应相互融合，形成一个综合性的、互动式的创新环境。科研、教育培训和外部创新空间的复合化设计将有助于提升校园创新活动的水平，培养更具创新能力的学生。这种突破传统的空间形式的规划思路将为大学校园的创新创业教育提供更为丰富和创新的支持。

（三）大学生创新创业成果孵化地

1. 孕育创新的空间母体

大学校园是一个拥有丰富科研创新能力和智慧人才资源的生态系统，然而，多数创新成果未能充分体现其实际价值，因此缺乏创新成果的实际运营和运用。在当前高校成果转化方面存在的困扰中，缺乏孵化功能的机构的不足是一个重要因素。因此，校园规划应当建立健全创新成果孵化转化空间。科研创新的最终目的在于孵化，即将创新成果转化为实际商品并投入市场。校园规划需要考虑创新成果孵化转化的环境，构建具有中试、生产、报批、量产、上市等一系列功能的创新成果孵化器。这些孵化器将为创新成果提供必要的空间支持，使其真正实现经济和社会价值。

2. 哺育创业的空间

初创企业在成立初期通常面临幼小和脆弱的状态，加上大学生创业者在面对风险时的心理承受能力较差，使大多数初创企业在成立三年内就会倒闭。为提高大学生创业的成功率，校园规划层面需要为大学生创业者提供办公设备齐备、租金低廉的创业办公空间，同时协助他们获取技术、风险资金、信息、培训和交流等一站式服务。这样的空间设计将形成完善、系统的创业孵化资源聚集空间，为初创企业的成长提供有力的支持。校园规划需要构筑哺育创业的空间摇篮，使初创企业能够依赖外部力量，度过创业初期的困难时期。

3. 和谐共生的空间构架

创新与创业两者之间存在着相辅相成、和谐共生的关系。创新提供了技术成果，而创业则通过经济价值回馈创新，两者相辅相成，构成了一个和谐共生的体系。在空间规划设计时，应当考虑创新创业空间的互补性和个性，实现它们之间和谐共生。这将为大学生的创新成果成功转化、创业企业的茁壮成长提供良好的空间环境。通过规划建设这种和谐共生的空间构架，大学生创新创业成果孵化地能够更好地促进创新、培育创业，并为整个创新创业生态系统注入新的活力。

　　总的来说，通过在校园规划中考虑创新成果孵化转化空间、哺育创业的空间以及和谐共生的空间构架，可以为大学生创新创业提供更为完善的支持体系，提高其创业成功率，促进大学生创新创业活动的蓬勃发展。

三、大学生校园内创新创业平台的应用

（一）新媒体时代下的校园创新创业平台

　　在当今社会，随着新媒体的蓬勃发展，大学生广泛利用微博、微信等社交平台进行日常人际交往。这一现象为高校创新创业主管部门提供了难得的机遇，可充分利用校园原有的媒体和交流平台，通过巧妙设计创新创业宣传内容，为大学生提供便利获取创新创业信息的途径。借助绑定支付宝账户等便捷手段，高校还有望实现为大学生提供"一站式"解决衣食住行等问题的目标。因此，高校在新媒体平台的应用上蕴含着巨大的潜力，可通过多样化的宣传内容形式，将创新创业知识深入传播至校园的每个角落。这样的平台设计有望使大学生在平日的闲暇时充分、有效地利用资源，逐步培养对创新创业的兴趣和深刻认知。

　　1. 创新创业平台的内容设计与传播机制

　　为了更好地吸引大学生对创新创业项目的关注，创新创业平台的设计需要注重内容的多元化和传播机制的精细化。首先，平台内容设计要以学术价值和实用性为核心，涵盖创新创业的前沿理论、成功案例、政策法规等方面的内容。可以通过专题报道、专业访谈、案例分析等形式，向大学生呈现创新创业领域的最新发展和成功经验。其次，传播机制要灵活运用新媒体特点，结合微博、微信等平台的推送机制，定期发布创新创业相关资讯。此外，还可以通过建立线上讲座、互动问答、线上赛事等形式，提高平台的互动性和参与度，激发大学生对创新创业的兴趣。通过这样的内容设计和传播机制，创新创业平台可以更好地服务大学生，为他们提供全方位的创新创业支持。

　　2. 平台的社会影响力与未来发展方向

　　创新创业平台的社会影响力是评估其有效性的重要标志。平台的影响力不仅

体现在大学生群体中的关注度，还应体现在社会各界对创新创业的认可和支持。为此，高校创新创业主管部门可以通过与企业、政府、投资机构等合作，邀请相关领域的专业人士和成功创业者，共同参与平台内容的制作和分享经验。同时，平台还可以借助新媒体的传播力量，将创新创业理念推广至更广泛的社会范围。随着新媒体技术的不断创新，高校创新创业平台还可以进一步拓展服务领域，通过引入虚拟现实、人工智能等技术，为大学生提供更丰富、更智能化的创新创业体验。通过这些努力，高校创新创业平台有望在新媒体时代发挥更为重要的作用，为大学生创新创业提供更全面、更便捷的支持服务。

（二）创新创业媒体平台的多元化设计

在吸引大学生关注创新创业项目方面，创新创业媒体平台必须采用多元化的设计策略。这不仅仅包括采用动态 PPT、Flash、最后三维动画等形式，更需要通过生动有趣的方式呈现创新创业项目的信息。首先，采用动态 PPT 可以通过图文并茂的方式展示项目的创意、市场需求以及商业模式，使学生能够更清晰地了解创新创业项目的核心价值。其次，Flash 技术的应用可以为平台增添一些互动性，通过富有创意的动画呈现，吸引学生更主动地参与其中。最后，三维动画则能够将创新创业项目具体展示，让学生更直观地感受到项目的实际运作情况。

1. 激发实践性创新创业的尝试

创新创业媒体平台应积极鼓励大学生进行实践性创新创业的尝试。通过线上线下多渠道的宣传，平台可以传递鼓励和支持的信息，以解除大学生对创新创业的畏难情绪。为了实现这一目标，平台可以通过线上发布创新创业项目的实际案例，展示成功经验和创业者的励志故事，以激发学生的创业热情。同时，线下举办创业沙龙、讲座、创业比赛等活动，提供交流互动的平台，让学生更深入地了解创业的机会和挑战。通过这些方式，平台能够激发大学生对实践型创新创业的浓厚兴趣，培养他们在未来更加勇敢地迈出创业的第一步。

2. 积极传递积极正面的创新创业理念

为确保平台的有效性，专职辅导教师和创新创业负责人应通过各类媒体形式向学生传递积极正面的创新创业理念。这不仅包括在平台上发布导师的创业心得体会、专业讲座等，还可以通过校内校外的各种渠道，如校报、社交媒体等，加强对创新创业理念的宣传。特别是通过采访成功创业者、行业专家等，让他们分享实际经验和创业心得，激励更多学生积极投身创新创业领域。通过这些措施，平台能够营造积极向上的学术文化氛围，使大学生更加自信、开拓进取，敢于追求创新创业的梦想。

通过以上多元化设计、激发实践性尝试、传递积极正面理念等措施，创新创业媒体平台能够更好地服务大学生，引导他们更深入地理解并投身创新创业领域。这样的平台设计不仅有利于学生的创业成长，也有助于构建更加创新型的校园文化。

（三）创新创业项目的整体管理与指导

在校园创新创业媒体平台上挂接创新创业项目时，需要进行慎重的谨慎推敲。可以通过线上线下多种渠道，听取大学生的意见和建议，以不断完善线上挂接创新创业项目的整体性、系统性和实践性。这一过程中，媒体平台可以通过征集学生反馈、定期开展项目评估等方式，建立健全的管理体系，确保项目的质量和有效性。同时，为了更好地推动创新创业项目的发展，媒体平台还可以与学校内外的相关机构合作，引入专业评审和顾问，提供更专业、有针对性的指导和建议。

1. 专职教师的角色和指导作用

为确保大学生在创新创业项目中得到有效的锻炼，专职教师在整体管理与指导中扮演着关键的角色。首先，在项目启动的阶段，专职教师可以通过组织项目培训、提供商业计划指导等方式，帮助学生建立起创业项目的基础知识和技能。其次，在项目运行过程中，专职教师可以定期进行项目检查和评估，为学生提供及时的反馈和指导，以解决项目中的问题和困难。最后，在项目完成阶段，专职教师应鼓励学生总结经验教训，形成创业心得，并提供相关资源支持，帮助有潜力的项目更好地转化为实际产值。

2. 创新创业平台的文化建设

创新创业平台需要创造一个良好的学习与实践环境，以培养学生的组织协调能力、团队合作能力等综合素质。这包括通过线上线下相结合的方式，将实践型创新创业活动融入学生的日常生活。平台可以组织创业沙龙、创业分享会、创业比赛等活动，提供交流互动的平台，让学生更深入地了解创业的机会和挑战。通过这些活动，平台不仅能够促进创新创业文化在校园内蓬勃发展，还能够为大学生提供更全面、更便捷的创新创业支持体系，从而构建起积极向上的校园文化氛围。

第二节　大学生创新创业实践模式探索与评价

一、新型创新创业实践模式的设计

（一）多元化创业导向的设计

1. 包容性创业生态系统的构建

多元化创业导向的设计首先需要建立一个包容型的创业生态系统，以提供学生多样性的创业途径。该生态系统应包括技术创新平台、社会创新实验室、服务创业项目等多个创业支持平台，以满足不同学科和兴趣背景的学生需求。

在技术创新平台方面，可以设立面向工程、计算机科学等专业的实验室，通过提供先进的技术设备和导师指导，帮助学生深入开展技术创新项目。同时，社会创新实验室可以为关注社会问题的学生提供平台，让他们将创新力量投入社会改善中。此外，服务创业项目可以促使学生关注市场需求，通过提供创新的服务来解决实际问题。

包容型的生态系统应该致力于打破传统的学科壁垒，为学生提供更广泛的创业选择。通过这种多元化的导向，学生可以更自由地选择适合自己兴趣和专业背景的创业途径，从而更好地发掘个体优势。

2. 跨学科合作的鼓励与支持

在多元化创业导向的设计中，跨学科合作是一个关键的元素。新型模式应该积极鼓励不同专业的学生组成跨学科的创业团队，共同解决实际问题。这种合作模式有助于促进不同学科之间的知识交流和融合，创造出更具创新性的解决方案。

通过设立跨学科的创业项目或竞赛，可以鼓励学生涉足不同专业领域，激发他们对多学科知识的兴趣。导师团队可以由不同领域的专业人士组成，为跨学科团队提供全方位的指导和支持。这有助于培养学生的跨学科思维能力和创新能力，为未来复杂的社会问题提供更综合的解决方案。

跨学科合作还能够培养学生的团队协作意识和沟通能力。在实际项目中，学生需要共同制订计划、协商合作方式、分享专业知识，从而提升团队合作的水平。这种经验不仅对创业实践有着直接的促进作用，也有助于学生在未来职业生涯发展中更好地适应团队工作环境。

3.创新性导向的多元化课程设计

多元化创业导向的设计还需要在课程层面体现创新性，通过多元化的课程设计激发学生创新潜力。这包括开设创新创业导论、创新管理、市场调研等基础课程，为学生提供全面的创业知识体系。

同时，针对不同学科和创业方向，设计具体的实践课程，让学生能够在真实项目中应用所学知识。例如，对工科类专业的学生可以设置工程创新实践课，对社会学科类专业的学生可以设立社会创业实践课。这有助于将理论知识与实际操作有机结合，提高学生在创业实践中的应对能力。

在多元化创业导向的设计中，还可以加入一些专业导师的讲座或工作坊，邀请成功创业者、行业专家等分享创业心得和经验。这为学生提供了更丰富的创业视野，激发创新思维，同时使学生更了解不同行业的创业模式。通过这种方式，学生可以更加全面地了解创业的方方面面，形成更为完善的创业知识结构。

（二）实践性学科融合的设计

实践性学科融合是新型创新创业实践模式中的一个重要方面，其目标是通过更新的课程设置和实践项目，将不同学科的知识有机融合，使学生在解决实际问题的过程中能够全面应用理论知识。

1.创新创业实践课程设计

在实践性学科融合的设计中，创新创业实践课程是关键的一环。课程设计应当结合不同学科领域的理论知识，通过实际案例分析和项目实施，让学生深入理解并应用所学的跨学科知识。例如，可以设置针对工程类专业学生的技术创新项目，同时引入商学院的市场分析和商业模式设计，使学生在项目中能够综合运用不同学科的知识。

（1）技术创新项目

对于工程类专业的学生，可以通过设计技术创新项目，让他们在实践中应用专业知识。这种项目可以涉及新产品的设计与开发、工艺流程的优化等方面，学生需要结合自身专业背景，同时与其他专业的同学协作，提高项目的综合性和实用性。

（2）市场分析与商业模式设计

在同一创新创业实践课程中，引入商学院的知识，如市场分析和商业模式设计。学生可以通过分析市场需求，了解潜在客户群体，同时设计符合商业规律的创新创业模式。这样的设计使学生在实践中能够更全面地思考创业问题，不仅关注技术实现，还考虑商业可行性。

2.跨学科实践项目

实践型学科融合的设计还需要建立跨学科的实践项目，鼓励学生参与各类实际项目，提高他们的实际动手能力。这可以通过开设跨学科实践工作坊、项目竞赛等方式来实现。

（1）跨学科实践工作坊

建立跨学科实践工作坊，邀请不同学科领域的专业人士作为导师，带领学生共同参与实际项目。例如，可以组织一个以解决特定社会问题为目标的实践工作坊，邀请工程学、社会学、经济学等不同专业的学生共同参与，通过合作解决实际挑战，培养学生的团队协作能力和解决问题的能力。

（2）跨学科项目竞赛

设立跨学科项目竞赛，鼓励学生组成跨学科团队提交创新创业项目。这种竞赛可以涵盖不同主题，如可持续发展、社会创新等，吸引不同专业的学生积极参与。评审团可以由不同学科领域的专业人士组成，从多个角度评价项目的创新性和实用性。

（三）创新创业导师制度的设计

1.导师选拔与培训

（1）导师选拔的关键要素

导师的选拔是创新创业导师制度成功实施的基础。在选拔导师时，应重点考虑导师的实际创业经验和行业背景。成功的创业经历可以为学生提供宝贵的实战经验，而行业背景则能使导师更好地了解当前市场状况和行业动态。同时，导师的沟通与指导能力也是选拔导师的重要考量因素，因为其任务不仅是传递知识，更包括启发学生创新思维能力和解决问题的能力。

（2）导师培训的内容与方式

导师培训是确保导师具备必要技能和知识的关键环节。培训内容应包括创新创业领域的最新趋势、法规政策、市场分析等方面的知识。培训还应注重教育心理学、沟通技巧等软技能，以提高导师与学生之间的相互理解和合作水平。培训方式可以采用研讨会、工作坊、线上课程等形式，确保导师获得全面、系统的知识体系。

2. 个性化指导的实施

（1）学生需求分析与导师匹配

个性化指导的实施首先需要深入了解学生个体的需求和特点。通过学生的创业兴趣、专业方向、学科特长等方面的分析，为每位学生制订个性化的发展计划。导师应了解学生的职业规划和发展目标，以便提供更有针对性的建议。

（2）定期座谈促进双向交流

建立定期的导师学生座谈会是实现个性化指导的有效途径。这种双向交流机制有助于学生更好地理解导师的经验和建议，同时让导师更全面地了解学生的成长和需求。通过座谈会，学生可以分享创业过程中的困难与挑战，导师则可以提供更具体的解决方案。

（3）导师团队的协同合作

在实践中，可以建立由不同领域专业导师组成的导师团队。这样的团队能够为学生提供更全面的支持和建议，以及涵盖不同专业领域的知识和经验。导师团队之间的协同合作可以通过定期的团队研讨、经验分享会等形式实现，以确保学生能够受益于更多的专业视角。

3. 持续性的导师学生关系

（1）建立长期合作关系

创新创业导师制度的成功与否很大程度上取决于导师与学生之间的关系。建立长期的合作关系是保障导师制度有效性的关键。导师应该持续关注学生的成长，并在学生整个创业过程中提供持续性的支持和指导。

（2）关注学生综合发展

导师制度不仅关注学生在创业项目中的表现，还应关注其综合发展。这包括学术能力、团队协作精神、沟通能力等多个方面。导师可以通过定期的综合评估和个性化发展计划，帮助学生全面提升自己，更好地适应未来的职业挑战。

（3）根据学生不同阶段调整导师支持

学生在创新创业过程中会经历不同的阶段，导师的支持也应该根据学生的成长阶段进行调整。在项目初期，导师可能更需要关注学生的项目设计和市场定位；而在项目发展阶段，关注团队协作和业务拓展等方面。因此，导师制度需要具备灵活性，随着学生的发展而变化，以此提供更为精准的支持。

（四）产学研结合的实践基地的设计

1.与企业建立校内实验室和创客空间的合作

（1）引入实际项目和设备

与企业建立校内实验室和创客空间的合作是实现产学研结合的关键一环。通过与企业紧密合作，学校可以引入实际项目和高端设备，为学生提供更真实的创新创业实践场景。这样的合作可以使学生更好地理解和应用专业知识，同时使学术研究更贴近实际需求。

（2）提供企业导师支持

在校内实践基地中，可以邀请企业专业人士担任导师，为学生提供实际项目的指导。企业导师能够分享行业经验、市场动态，并帮助学生更好地理解企业的运作模式。这种实践基地的设计有助于搭建学生与企业之间的桥梁，促进双方更深层次的合作。

（3）鼓励团队合作与跨学科交流

在实验室和创客空间的设计中，应鼓励学生组建团队，进行跨学科合作。通过不同专业背景的学生共同参与项目，可以实现知识的交叉融合，培养跨学科的创新思维。这有助于学生更好地适应未来工作中需要协同解决复杂问题的情境。

2.建立校外实践基地与企业签订合作协议

（1）与企业深度合作的实践基地

为进一步促进产学研结合，学校可以与企业签订合作协议，建立校外实践基地。这样的实践基地可以提供更广泛、更深度的产业资源，使学生能够参与更具挑战性的实际项目。通过与企业的深度合作，学生可以更好地理解企业运营、市场需求，为未来的创业做好准备。

（2）提供学生参与企业实际项目的机会

校外实践基地的设计应该注重为学生提供参与企业实际项目的机会。学生可以在真实的商业环境中应用所学知识，解决实际问题。这种体验不仅增加了学生的实践经验，还有助于培养学生的创新能力和团队协作精神。

（3）与专业人士互动和交流平台的构建

在校外实践基地中，可以建立与企业专业人士互动的交流平台。举办行业峰会、企业讲座、经验分享等活动，让学生有机会与企业专业人士面对面交流。这样的平台可以拓展学生的人脉关系，提高他们的职业素养。

3.可持续发展的合作关系

（1）建立长期的合作框架

为了实现可持续发展，实践基地的设计应该着眼建立长期的合作框架。与企业签订长期的合作协议，不仅有助于学生在整个学业过程中保持与企业之间的联系，也为企业提供持续、稳定的人才输送渠道。这种长期的合作关系有助于共同推动产学研的深度融合。

（2）鼓励学生与企业建立个人合作关系

除了学校与企业之间的合作，还应鼓励学生与企业建立个人合作关系。例如，学生可以在实习期间表现突出，获得企业的认可，并有机会在毕业后直接加入企业。这样的合作关系可以为学生提供更多的职业发展机会，同时使企业更加了解学生的实际能力和潜力。

（3）定期评估和调整合作框架

为了确保合作关系的可持续性，学校和企业应定期评估合作框架的效果，并根据实际情况进行调整。这包括了学生在实践中的表现、企业对合作的反馈以及双方的期望调整。通过不断地评估和调整，学校和企业间的合作关系变得更加紧密和有针对性，更好地服务于学生和企业的共同需求。

（五）基于大数据的个性化指导的设计

1.建立学生信息的数据平台

（1）学生档案系统的构建

在设计基于大数据的个性化指导系统时，首要任务是建立学生档案系统。该系统需要全面记录学生在创新创业实践中的各项信息，包括但不限于项目参与情况、团队合作经验、创新思维表现、获奖经历等。这个学生档案系统将成为大数据分析的基础，为个性化指导提供翔实的数据支持。

（2）数据收集的途径与标准

设计一个有效的数据收集途径和标准是至关重要的。这可以通过创新创业平台、学生参与项目的报告、导师评价以及学生自我评价等多方面进行。标准化的数据收集有助于确保数据的准确性和可比性，为后续的大数据分析提供高质量的素材。

2.引入先进的数据分析技术

（1）数据挖掘技术的应用

利用数据挖掘技术，系统可以深度挖掘学生的数据，分析其潜在的兴趣、优势和发展领域。通过对学科偏好、参与项目的角色、团队协作情况等方面进行分析，系统能够形成对每位学生的全面了解。这为个性化指导提供了有力的数据支持。

（2）建立学生画像

基于数据分析的结果，系统可以为每位学生建立个性化的学生画像。这包括每位学生的兴趣特点、团队协作风格、潜在创业领域等方面的信息。学生画像将成为个性化指导的依据，为系统推荐合适的导师或团队，以提供有针对性的培训和支持。

3.结合人工智能技术进行智能匹配

（1）智能算法的设计

基于学生画像和导师/团队的特点，设计智能算法进行匹配。这需要考虑多个维度的匹配因素，如学科背景、创新方向、团队协作风格等。智能算法应具备灵活性，能够根据学生的成长和导师/团队的需求动态调整匹配的策略。

（2）个性化导师或团队的推荐

通过智能算法的运算，系统可以向每位学生推荐最适合其个性和发展需求的导师或团队。这种个性化匹配有助于激发学生的潜力，提高创新创业实践的效果。同时，导师或团队也能更好地发挥其专业特长，为此实现双赢。

二、各实践模式的效果评价与比较

（一）效果评价指标的建立

1.学生创新创业能力提升指标

针对学生的创新创业能力提升，可以设立一系列指标，该指标包括创意思维培养、团队协作能力、商业计划撰写能力等。对学生在项目中的表现、参与创业活动的频率等方面进行评估。

2.项目实施的成功率指标

衡量项目实施的成功率可采用项目完成度、商业化程度、市场认可度等指标。这指标可以通过实地考察创业项目的运作情况、市场反馈以及项目成果的实际效益来进行评价。

3. 创业项目的商业化程度

商业化程度是创新创业项目成功的一个关键因素。此指标可以通过创业项目的商业计划实施情况、融资情况、市场份额占有率等方面来评估。

4. 学生对实践经验的满意度

通过学生满意度的调查问卷，收集学生对于实践经验的主观感受。问卷内容可以包括实践活动的组织安排、导师指导质量、团队协作体验等多个方面，以全面了解学生的反馈情况。

（二）实践模式效果的量化评估

1. 定期问卷调查与反馈会议

定期开展问卷调查，以了解学生对创新创业实践的感受，其调查问卷内容包括满意度、参与度、收获感等。同时，召开学生反馈会议，听取学生的直接意见，深入了解实践模式的实际效果。

2. 项目经济效益的监测

监测创新创业项目的经济效益，包括融资金额、创业项目盈利情况、就业率等。这些数据能够客观地反映实践模式对学生职业发展的实际推动作用。

3. 定性和定量相结合的方法

结合定性和定量的方法，既考虑了学生主观感受，也兼顾了项目实际效果。这可以通过量化数据与学生反馈的深度访谈相结合，形成对实践模式效果全面而准确的评估。

（三）不同模式的比较分析

1. 学生参与度的比较

对不同实践模式的学生参与度进行比较，其包括参与项目的数量、主动提出创意的频率等。这有助于了解不同模式对学生参与创新创业活动的吸引力。

2. 创新成果产出的比较

比较各实践模式在创新成果方面的表现，其包括专利申请数量、发表论文的数量、获奖项目的数量等。这些指标可以评估不同模式在创新方面的效果。

3. 商业化成功率的比较

比较各实践模式创业项目的商业化成功率，其包括项目转化为实际企业的比例、成功融资的比例等。这有助于了解实践模式对创业项目商业化的推动效果。

（四）综合评价与模式优化

1. 学生满意度与项目效果的综合评价

将学生满意度与项目效果进行综合评价，以全面了解实践模式的整体表现。这可以通过权衡学生的主观感受与项目的实际效益，形成综合评估结果。

2. 模式的优化与改进

根据评价结果，对各实践模式进行优化与改进。可能的改革包括更新导师团队、调整课程设置、优化实践基地等。通过不断优化，确保创新创业实践模式能够适应时代发展的需要，更好地服务于大学生的创新创业教育。

第五章

大学生创新创业教育的现状研究

第一节　大学生创新创业意识与能力现状评估

一、大学生创新创业意识水平现状

（一）教育体制和人才培养模式的束缚

1. 应试教育导致创新思维不足

当前我国的教育体制主要以应试教育为导向，评价学生的主要标准仍然是分数和升学率。这一体制的主导导致教师更注重对学生应试技能的培养，而对其创新思维的培养关注不足。大学生在接受长期的应试教育后，形成了对于标准答案的过分依赖，而对于独立思考和创新的需求较为淡漠。

2. 创业教育不足的问题

当前的创业教育在我国高校中仍存在一定问题。虽然一些学校尝试引入创业教育，但缺乏系统的创业知识体系和科学的教学计划。很多创业教育仍然停留在课堂理论教学层面，缺乏创业实践的支持。学校在创业教育方面的改革和投入还需更为深入，以形成更有实质意义的培养模式。

3. 缺乏对学生的个性化引导

教育体制对学生的个性化引导较为欠缺。每位学生有着不同的兴趣、优势和潜力，但教育体制往往采用"一刀切"的方式，而忽视了个体差异。这导致一些有创业天赋的学生难以得到个性化的引导和培养，进而影响了他们创业意识的发展。

（二）传统文化、观念的制约

1. 创业被视为冒险和逞能

传统文化和观念中，创业往往被看作是一种冒险和逞能的行为，而非一种理

性和可控的职业选择。大学生创业普遍受到社会对创业的误解，被认为是一种不切实际的追求，这阻碍了大学生创业意识的培养。

2. 职业观念的传统束缚

传统的职业观念认为，某些职业更为高尚和值得追求，而创业则被认为较为冒险，也无法提供稳定的职业前景。这种观念使大学生更倾向于选择传统就业而非创业，为此影响了他们对创业的认知和态度。

3. 社会舆论的影响

社会舆论对于创业的看法也影响了大学生的创业意愿。媒体和社会普遍更关注那些已经成功的创业者，而对于创业过程中的失败和风险较少报道。这种传播形成的创业光环，使大学生对创业的认识偏离了实际，增加了其创业的心理压力。

二、大学生创新创业能力现状评估

（一）创新创业教育的实际效果

1. 课程设置和实践项目

在当前大学生创新创业能力的培养中，一些高校通过创新创业相关课程的设置和实践项目的开展，试图提升学生的实际动手能力。然而，这些课程的质量和实践项目的设计是否切实贴近市场需求，仍然需要更为深入地评估和调整。

2. 导师制度的建立

一些高校建立了创新创业导师制度，为学生提供实践性的指导和支持。这种制度是否能够真正发挥导师的作用，提高学生的创新创业能力，还需要通过对导师的培训和学生的反馈进行评估。

3. 创新创业实践基地

一些高校设立了创新创业实践基地，以提供实际的创业环境和资源。然而，实践基地的质量和与企业的合作程度是否能够有效促进学生的创新创业能力，还需要进行定期的评估和改进。

（二）学生创新创业项目的表现

1. 项目成功率和商业化程度

评估学生创新创业项目的成功率和商业化程度对于创新创业教育的实际效果有着重要的启示。创新创业项目成功率和商业化程度直接反映了学生在实践中所取得的成果以及项目的可持续发展性。以下是对这两个方面进行综合评估的一些建议。

首先，学生创业项目的成功率是一个直接的衡量标准。问卷调查和深度访谈可以获取学生创业项目的具体情况，包括项目的起源、发展历程、目前状态等。通过问题如"您参与的创业项目是否取得了预期的成功？""项目是否顺利实施并取得了经济效益？"等，可以获取学生对于项目成果的自我评价。同时，可以进一步了解学生在项目过程中遇到的困难以及解决问题的能力。这方面的信息能够直观地展示学生在实践中的创业水平，为学校提供项目管理和创业技能培训方面的建议。

其次，商业化程度是评估学生创新创业项目可持续发展性的关键因素。商业化程度反映了学生是否能够将创意转化为商业机会，并通过市场验证获得商业成功。通过问题如"您的创业项目是否已经实现商业化运作？""项目在市场上是否取得了一定的份额？"等，可以获取学生对于项目商业化进展的自我评价。深度访谈则可以进一步了解学生在商业化过程中的经验、挑战以及对市场需求的洞察。这方面的信息有助于学校更全面地了解学生的商业思维和商业实践水平，为提供更符合市场需要的培训和资源支持提供依据。

通过对学生创新创业项目成功率和商业化程度的评估，学校可以深入了解创业教育的实际效果，为未来的培训方案和创业资源提供更有针对性的支持。这种综合评估不仅有助于了解学生在实际创业中的表现，也为学校提供了不断优化创新创业教育的方向和策略。

2. 学生创新成果的产出

评估学生创新成果的产出是判断其在创新创业领域实际能力水平的关键指标。创新成果主要包括学术论文、专利和项目报告等形式，通过对这些创新成果的数量和质量进行分析，可以全面了解学生在创新创业中的实际表现。

首先，学术论文是衡量学生创新能力的一项重要指标。学生能否在相关领域发表学术论文，不仅体现了其对学科知识的掌握程度，更显示了其在实际研究和创新中所做的贡献。通过调查学生的学术论文数量、发表期刊和论文质量，学校可以了解学生在创新领域的学术实力和研究能力。

其次，专利的产出是创新创业能力的又一体现。学生是否能够提出创新型的技术或设计，进而申请专利，直接反映了其在技术创新方面的实际能力。评估学生专利的数量、实际应用情况以及专利的创新程度，可以揭示学生在将创意付诸实践、转化为实际价值的能力。

最后，项目报告是学生创新成果的重要形式之一。学生参与的创新创业项目报告不仅展示了他们在项目中的具体贡献，还可以了解到项目的实际效果。通过分析学生参与项目的数量、报告的深度和广度，学校可以全面评估学生在创新创业实践中的综合能力。

这种综合评估有助于学校更全面、客观地了解学生在创新创业领域的实际表现，为优化创新创业教育提供有效依据。同时，对学生创新成果的产出进行深入研究，有助于学校更好地引导学生在实践中发挥创造力，进一步提升其创新创业能力。

（三）学生自身对创新创业的认知和态度

1. 学生创业意愿和信心

学生创业意愿和信心是创新创业教育中一个至关重要的方面，其深度影响着学生是否能够积极参与创新创业实践以及未来创业的可能性。问卷调查或深度访谈等研究方法，可以深入了解学生对创业的态度和信心，为制定创新创业教育策略提供有力的依据。

学生创业意愿是衡量其对创新创业的兴趣和愿望的关键指标。问卷调查可以通过设置相关问题，如"您是否对创业活动感兴趣？""您是否考虑过将来从事创业？"等，来获取学生对创业的整体兴趣水平。深度访谈则能更为细致地了解学生内在的创业动机，包括但不限于对行业领域的喜好、对社会问题的关注以及对个人成就感的追求等。这样的信息能够全面描绘学生对创业的意愿，有助于发现其潜在的创新激情。

与意愿相互关联的是学生的创业信心。问卷调查可以通过一系列问题，如"您是否相信自己有足够的能力创业成功？""您对创业过程中可能遇到的困难有怎样的信心？"等，来测量学生的创业信心水平。深度访谈则能够深入挖掘学生对自身能力的认知，包括技能储备、解决问题的能力以及面对失败的应对机制等。这些信息有助于全面了解学生在创业方面的信心来源和构建。

调查研究发现，学生的创业意愿和信心往往受到多方面因素的影响，包括教育背景、家庭环境、社会氛围等。因此，通过深入研究学生的创业意愿和信心，可以为创新创业教育提供针对性的建议。例如，在课程设置中更加注重激发学生的创新潜能，同时在导师制度中强调对学生创业信心的培养，将有助于提高整体的创新创业教育效果。除此之外，通过对学生不同群体、不同背景的创业意愿和信心进行比较研究，还能够揭示出创新创业教育的差异化需求，为提高教育的针对性和实效性提供有益的参考。综上所述，深入了解学生的创业意愿和信心，对于推动创新创业教育的深入发展和提升实际效果具有重要意义。

2. 创业行为和实践经验

了解学生的创业行为和实践经验对于创新创业教育的评估至关重要。这涉及学生是否愿意主动参与创新创业实践活动，以及他们在实践中是否积极尝试创业。这方面的信息能够深入反映学生对创新创业的实际参与程度，为教育机构提供宝贵的数据，以更好地调整和优化创新创业教育策略。

学生是否积极参与创新创业实践活动是创业教育有效性的一个直观指标。问卷调查可以通过问题如"您是否主动参与过创新创业项目？""您是否加入过创新创业团队？"等来了解学生的参与意愿和实际行为。深度访谈则能够更深入地挖掘学生参与实践的动机，是否主动寻求创业机会以及在团队中的具体作用。这方面的信息能够为学校制定更切实可行的实践活动提供指导，以激发更多学生的创新创业兴趣。

创业尝试是评估学生创业经验的重要标志。问卷调查可以通过问题如"您是否曾尝试过自己创办或参与创业项目？""您是否在大学期间已经创业或参与过创业团队？"等来获取学生创业尝试的具体情况。深度访谈则可以进一步了解学生创业的动机、遇到的困难以及所取得的成果。这方面的信息对于了解学生的实际创业经验和情感体验至关重要，有助于为学校提供更有针对性的创新创业培训和资源支持。

实践经验的丰富程度是评估学生创业能力的一个关键因素。通过深入了解学生曾经参与的创业项目、担任的职责、面临的挑战以及取得的成绩，可以全面评估其在创新创业实践中的表现。这方面的信息不仅有助于为学校提供更有深度和广度的创新创业资源，也为学生提供更具体和实用的创业经验分享和指导。

总体而言，深入了解学生的创业行为和实践经验，有助于全面评估创新创业教育的实际效果，并为未来的教育策略提供有力的依据。

第二节　大学创新创业教育课程设置与实施情况

一、大学生创新创业课程学设置整体情况

（一）创新创业课程目标同质化，与课程内容匹配不强

1. 缺乏激发学生内在学习热情的目标设置

创新创业课程的目标设置存在同质化问题，未能有效激发学生内在学习热情。学生参与课程主要出于外部动机，缺乏对创新创业教育价值的真正理解。目标的同质性导致学生缺乏对创新创业教育的深入认识，从而无法全面提升其创新思维和创业能力。

2. 课程内容与目标匹配度不高

创新创业课程内容的多元化存在问题，是因为学生在选择课程时缺乏对创新创业的整体认识和规划。这导致学生选择课程时存在模糊性，使课程内容不能有效地服务于课程目标。这不仅浪费了学习时间，而且降低了学生的学习积极性。

（二）创新创业课程内容缺乏实践性，专创融合不足

1. 规模较大的课堂和实践性不足

创新创业课程的开设方式存在问题，大规模课堂教学导致教师难以进行个性化培养。虽然小组学习方式促进了创新思维和能力的培养，但无法解决学生个体差异问题。同时，课程内容缺乏实践性，导致学生的创新创业项目仅停留在商业企划书的层面，阻碍了全面培养学生的创新创业能力。

2. 创新创业专业融合性不足

创新创业课程缺乏专业融合性，这是教育发展的重点。引入双导师制未能解决校内教师重理论轻实践的问题，导致学生反馈教师指导次数不足。同时，创新创业课程对实践性的要求不够深入，使学生的创新创业项目难以真正实践，影响了其创新创业能力的全面培养。

（三）创新创业课程专职教师比例不足，校本教材开发受限

1. 专职教师比例不足

创新创业教育课程师资资源不足，专职教师较少，而且缺乏实践经验的教师。

引入双导师制未能解决师资数量不足的问题，导致教师难以全身心投入学生创新创业的各个阶段，无法有效辅助学生实际落实创意。

2. 校本教材受限

学校多选择国内正式出版的教材或授课教师自编讲义，导致教材内容整体较为单一，缺乏与学科专业融合性。这种做法无法满足创新创业课程的多样性需求，也没有结合各高校的特色，使创新创业教育在教材方面存在不足。

（四）创新创业课程教学方法单一，考核方式缺乏

1. 缺乏多样性的教学方法

学生对创新创业课程普遍反映传统的讲授式教学不足以满足他们的需求。课程缺乏多样性的教学方法，无法激发学生的学习兴趣和主动性。

2. 考核方式缺乏多样性

创新创业课程的考核方式主要集中在传统的考试、测验和课程论文上，缺乏对学生创新创业实践能力和意识的多角度考察。这种单一的考核方式无法有效评估不同学生的创业能力和知识水平，导致评估结果只能反映学生的平均学习水平，而无法针对学生个体差异进行有效评估。

二、创新创业课程设置问题的原因分析

（一）理念滞后：创新创业课程目标定位不明晰

1. 国内创新创业教育发展的背后动力

国内创新创业教育的发展主要受到国家和教育行政部门政策的强力驱动。这种推动力以提高人才培养质量为目标，但缺乏自发性、主动性的改革行动。因此，课程目标设置在激发学生实践能力和技能方面专注力不足，导致学生创新创业意识和兴趣虽然被激发，但实际实践能力不足。

（1）国家政策的强烈推动

国内创新创业教育的快速发展得益于国家和教育行政部门的政策支持。近年来，中国政府出台了一系列创新创业政策，旨在培养更多的创新型人才，以推动经济结构升级。这些政策包括对高校创新创业教育的资金支持、奖励机制的建立以及人才培养计划的实施。政策的推动为高校提供了丰厚的资源，激发了学校开设创新创业课程的积极性，形成了从上至下的政策导向。然而，这种政策导向也带来了一定的问题。在创新创业课程设计中，学校更倾向于追求政策目标的完成，

而缺乏对学生个体差异和实际需求的深刻理解。因此，课程目标的同质化问题越发凸显，并且学生在实际创新创业实践中的能力提升受到限制。政策驱动的发展，虽然在短期内推动了创新创业教育的普及，但在长远发展中，需要更多考虑到教育的本质目标，即培养学生全面发展的能力。

（2）人才培养质量的关注

国家对创新创业教育的推动背后，其根本目标是提高人才培养质量，使中国的人力资源更适应未来社会和经济的发展需求。传统的人才培养模式已经无法满足快速变革的社会和经济环境。因此，创新创业教育作为一种新型的人才培养模式，受到了高度关注。在人才培养质量的关注下，国内高校积极响应政策，开设了大量的创新创业课程。然而，在实施过程中，学校更注重课程的数量而忽视了课程的质量。创新创业教育的核心应当是激发学生的创新思维和实际实践能力，而不仅仅是课程的设置和完成。因此，需要更加重视课程目标的设计，使之更符合培养学生全面素质的要求。

（3）学科与创新创业的融合

在国内创新创业教育发展的过程中，学科专业与创新创业的融合被认为是推动力之一。政府部门鼓励高校将创新创业教育与学科专业相结合，使学生在学科学习的同时培养创新创业的能力。这一理念本质上是要求学校打破传统学科之间的壁垒，使不同专业的学生能够更加全面地发展自己的能力。然而，在实际操作中，学科与创新创业的融合存在一定的困难。不同学科的师资队伍、教学资源和课程体系之间差异较大，难以有机地整合。学校需要更多投入，通过改革教学体制，促进不同学科之间的合作，提高学科与创新创业的融合度，使学生能够更好地在学科知识的基础上进行创新创业实践。

（4）社会经济需求的变革

国内创新创业教育的发展也受到社会经济需求变革的影响。随着中国经济的转型和社会结构的调整，社会对人才的需求发生了根本性变化。社会对于创新、创业人才的渴求促使高校加强创新创业教育，以适应经济发展的新要求。然而，社会经济需求的变革也带来了对创新创业人才培养的新挑战。传统的人才培养模式往往难以适应新时代的需求，需要高校通过创新创业教育引领人才培养的新方向。因此，高校在制定创新创业课程时，要更加关注社会经济的实际需求，使课程更具有前瞻性和实用性。

2.课程目标同质化的深层次原因

创新创业教育课程目标同质化问题深层次原因在于学校未能结合自身特色和创新创业教育的本质特性，忽视了不同专业、年级学生群体的差异性。这导致课程目标缺乏针对性，无法实现既定的教学目标。

（1）学校特色未被充分考虑

课程目标同质化的深层次原因之一在于学校未能充分考虑自身特色。每所高校都有独特的办学理念、学科优势和特色专业，然而，在创新创业教育课程设计中，学校往往未能有效整合这些特色。缺乏对学校自身实际情况的深刻认知，导致制定的创新创业课程目标缺乏差异性和个性化。

在一些高校，尤其是综合性大学，存在对于创新创业教育的"一刀切"式管理，而未能充分挖掘和发挥各专业的独特优势。因此，课程目标更趋向于通用性和平均化，忽略了不同专业学生在创新创业能力培养方面的差异。学校在制定创新创业课程目标时，应当深入挖掘自身的特色，以更有针对性地满足学生个体的需求。

（2）创新创业教育的本质特性未被充分认知

深层次原因还在于对创新创业教育的本质特性认知不足。创新创业教育强调培养学生的创新思维和实践能力，而不同于传统教育的重点在于知识传授。然而，一些学校仍未充分认识到这一点，导致制定的创新创业课程目标仍受传统教育理念的影响，过于侧重知识的灌输而忽略了实际操作的培养。

在课程目标制订过程中，学校应该更加注重培养学生的实际动手能力和团队协作精神。创新创业教育应该是一种注重实践、鼓励创新思维的教学模式，而不仅仅是将传统课程的目标进行简单地替换。只有充分认知创新创业教育的本质特性，才能在课程目标设计上实现更为差异化和个性化。

（3）缺乏对不同专业、年级学生群体的差异性认知

创新创业教育的目标同质化还根植于对不同专业、年级学生群体的差异性认知不足。学校在课程设计中未能充分考虑到不同专业学生所需的创新创业能力的特殊性，导致了课程目标的泛化性和普适性。不同专业的学生在面对创新创业的挑战时，其实际需求和培养方向存在差异，而这种差异性未被妥善对待。

特别是对于刚刚步入大学的新生和即将毕业的学长学姐，其对创新创业教育的认知和需求也有所不同。然而，学校在课程目标制定时往往未能分层考虑这些差异，导致创新创业课程的目标显得泛泛而谈，从而缺乏实质性的指导和培养方向。

（4）对创新创业教育的长期价值认知不足

深层次原因还在于学校对创新创业教育的长期价值认知不足。一些学校在制定创新创业课程目标时，往往更注重眼前的应对，而忽略了学生长期发展的需求。创新创业能力的培养是一种长期的过程，需要学校对学生的全面发展有着更为深刻的认识。

在创新创业课程目标的制定中，学校应更加注重培养学生的创新创业意识、实践能力以及长期发展所需的综合素质。这包括对学生创新创业思维的引导、实际项目操作的培养、团队协作和沟通能力的提升等方面。学校需要更好地理解创新创业教育对学生未来职业生涯发展的积极影响，而不是仅仅满足当前应对社会需求的程度。

长期来看，创新创业能力对于学生未来的职业发展至关重要。然而，由于学校在制定课程目标时未能将长期的职业发展需求融入考虑，导致创新创业课程目标缺乏对学生全面发展的深刻认识。为了更好地服务学生的长期发展，学校需要从培养创新思维、实践操作、团队协作等多个层面出发，设计更加全面、系统的创新创业教育目标。

（二）资源缺乏：创新创业课程资源供给不足

1. 师资力量不足和教师专业性问题

（1）创新创业教育师资队伍总量不足

创新创业师资队伍总量不足，教师多为兼职，而缺乏真正的专业经验，影响了教育水平。学术领域内，老师的知识和技术水平有限，缺乏足够的时间和空间以深入研究和提高。

（2）师资力量欠缺实践经验

许多老师缺乏实践经验，无法将理论知识与实际创新创业应用有机结合。这限制了学生在实际场景中的学习和能力的培养。

2. 创新创业课程教材开发不足

（1）缺乏专业化和系统性教材

创新创业课程的教材多为引进或由教师自编讲义，而缺乏专业融合性和系统性。这导致教材内容单一，难以满足创新创业课程多样性需求。

（2）缺乏学科专业融合

教材内容未能与学科专业融合，使创新创业课程与专业课程之间缺乏有机联系。学科专业融合不足影响了创新创业知识的深入传授。

3. 创新创业实践基地资源不足

（1）缺乏投入和建设

实践基地的建设投入不足，使创新创业实践难以真实展开。多数实验室和基地存在利用率低、转化率不足的问题。

（2）配套建设不够全面

实践基地的配套设施和资源不够全面，并且无法满足不同专业和创新创业发展需求。这影响了学生在实践中的全面培养。

（三）管理缺位：创新创业教育专业机构建设不完善

1. 创新创业教育机构功能不明确

创新创业教育机构功能不够突出，导致对于课程设计、师资培养、教材开发等关键工作的协同整合力度不够。机构的实际功能受到职能范围限制，无法高效协同各方专业力量。

2. 机构实体功能虚置

创新创业教育机构虽然存在，但其实际功能因职能范围限制、功能割裂而虚置化，无法为创新创业课程专业化的发展提供有效支持。

（四）机制失调：创新创业课程配套制度不健全

1. 教师考核评价机制不完善

（1）缺乏创新创业成果的考核

教师业绩考核更注重科研成果，而缺乏对创新创业教育实践成果的考核，导致教师对创新创业教育的关注不足。机制失调表现在对教师工作的评价体系未能充分考虑创新创业教育的特殊性，从而影响了教师在创新创业领域的投入性和积极性。

（2）缺乏创新创业实践能力的激励机制

目前的考核评价机制未能有效激励教师提升创新创业实践能力。对实践能力的评价和激励机制不足，使教师在创新创业实践方面的表现得不到充分认可。

2. 创新创业课程设置制度不合理

（1）时机选择不合理

将创新创业教育作为必修课安排在学生最繁忙的备战期，未能充分考虑学生个体差异和其学业规划，导致学生无法充分利用创新创业课程所提供的优势。

（2）缺乏弹性的学习任务安排

创新创业课程设置缺乏灵活性，未能根据学生不同专业、年级和个体差异提供弹性的学习任务安排。这导致学生在学习中缺乏个性化的支持。

3.创新创业课程开发的审查评议制度不完善

（1）缺乏明确的政策制度遵循

创新创业课程开发设置的审议流程趋于表面化，缺乏明确的政策制度遵循。这导致课程在开发过程中缺乏规范性和持续性的认证和评估，以此助长了课程设置的随意性。

（2）学术评价体系不够完善

创新创业课程的学术评价体系不够完善，未能对创新创业课程的学术质量进行充分地评估。缺乏有效的学术标准和评估机制，使课程开发难以达到高要求水平。

第三节　学校创业孵化器及创新创业支持平台现状

一、创业孵化器在大学生创新创业中的作用

（一）创业孵化器定义与背景

1.创业孵化器的定义与基本概念

（1）定义

创业孵化器是一种旨在以支持初创企业的组织形式，提供全方位的创业生态系统，其包括物理空间、资金支持、导师指导等。它旨在帮助初创企业克服起步阶段的各种困难，推动其可持续发展，最终成为具有竞争力的企业。

（2）基本概念

创业孵化器作为一种旨在以支持初创企业全方位发展的组织形式，其涵盖了多个基本概念。

首先，物理空间是创业孵化器提供给初创企业的共享办公空间，旨在让这些初创企业能够以较低的成本租用办公场地。这为初创企业提供了一个创新的工作环境，促使不同企业之间的资源共享和协同创新。物理空间的设立有助于打破传统的办公模式，之后为初创企业营造更为灵活、共享的工作氛围。

其次，资金支持是创业孵化器提供给初创企业的重要支持手段之一。通过提供启动资金、项目资助或投资，创业孵化器有助于初创企业度过创业初期的财务难关。这种资金支持不仅仅是为了解决企业的资金短缺问题，更是为了推动这些初创企业在竞争激烈的市场中立足，推进其创新产品或服务的研发和推广。

最后，创业孵化器的导师指导属于其提供的关键支持之一。通过组建有经验的导师团队，创业孵化器为初创者提供业务咨询、管理建议和行业经验分享。这种导师指导的目的在于提高初创企业的管理水平和业务素养，以此减少他们在创业过程中的盲点和风险。导师团队的专业指导不仅仅是为了解决当前问题，更是为了培养和提升创业者的整体能力，提高其创业成功率。

创业孵化器通过提供物理空间、资金支持和导师指导等多方面的支持，构建了一个有利于初创企业创新和发展的全方位生态系统。这种基本概念的整合有助于满足初创企业在不同发展阶段的需求，推动其持续成长，并在市场中取得竞争优势。这为创业孵化器在促进创新创业、推动经济发展等方面的学术研究提供了深刻的理论基础。

2. 创业孵化器的背景与发展历程

（1）背景

创业孵化器的兴起背后反映了社会对创新创业的不断重视，特别是在大学生创业方面。随着创业热潮的兴起，创业孵化器成为支持初创企业发展的关键机构，有力促进了创新经济的繁荣。

（2）发展历程

创业孵化器的发展历程可以划分为以下几个关键阶段。最初阶段，创业孵化器的设立主要由政府牵头，其目标在于推动初创企业的发展。在这个时期，创业孵化器主要侧重提供基础设施和资金支持，以解决初创企业在起步阶段面临的经济问题和空间限制问题。政府作为主导者，通过创业孵化器的设立，希望能够培育出更多的创新型企业，以此来推动地方经济的发展。

随着社会对创新创业认知方面的逐渐提高，创业孵化器进入了私营化的阶段。在这个阶段，越来越多的私人投资者和企业开始参与到创业孵化器的建设和运营中。私人投资者的参与为创业孵化器注入了更多的资金，使其能够提供更为多元化的支持，其包括技术指导、市场营销等方面的专业服务。私营化的发展模式使创业孵化器更加灵活，更能够适应市场的需求，从而更好地支持初创企业的成长。

随着时间的推移，创业孵化器进入了全球化的阶段。全球化使创业孵化器能够更好地融入国际创新创业体系，吸引来自不同国家和地区的创业者和投资者。这一阶段的发展不仅为创业者提供了更广阔的发展空间，也促使创业孵化器在全球范围内进行经验和资源的共享，进一步推动了创新创业向国际化方向发展。

创业孵化器的发展历程从最初的政府主导到私营化，再到全球化，经历了多个阶段。每个阶段的发展都反映了社会对创新创业重要性认知的提升以及创业孵化器逐步完善和多元化的支持体系。这一发展历程为创新创业研究提供了深刻的案例和实践经验，对于进一步推动创新创业生态系统的健康发展具有积极的学术价值。

（二）创业孵化器对大学生创业的直接支持

创业孵化器以提供了相对安全、资源充足的环境，使大学生创业者可以更专注于创业项目的发展。

1. 提供场地和基础设施支持

创业孵化器不仅为大学生创业者提供办公场地、会议室、网络设施等基础设施支持，也为他们提供一个合适的工作环境，降低了他们创业的物质成本。

2. 资源和资金支持

创业孵化器通常会提供项目开展所需的资源和资金支持，如技术指导、市场调研、商业计划书撰写等，有效帮助大学生创业者从构思到实施的全过程。

3. 创业培训和指导

创业孵化器会组织各种培训和指导活动，如创业课程、创业讲座、行业研讨会等，有效地帮助大学生创业者提升创业能力和专业技能。

（三）创业孵化器的导师和专业支持

创业孵化器的导师通常是来自产业界或成功创业者，他们能够分享自己的经验，指导创业者避免一些常见的创业陷阱。这种导师制度对于大学生创业者的成长和项目的成功至关重要。

1. 导师的经验分享和指导

创业孵化器的导师通常是来自产业界或成功创业者，他们具备丰富的创业经验和行业知识，能够为大学生创业者提供指导和支持，帮助他们避免一些常见的创业陷阱。

2.创业网络和合作机会

通过创业孵化器，大学生创业者可以与来自不同领域的创业者建立联系，共享资源、经验和合作机会，促进创新创业的交流与合作。

3.资源整合和人脉拓展

创业孵化器可以将大学生创业者与投资者、商业伙伴以及行业专家等关键人士进行连接，为他们提供更广阔的资源和人脉平台。

（四）创业孵化器对创新创业文化的培育

在创业孵化器中，大学生创业者可以与来自不同领域的创业者交流，分享经验，形成合作。这有助于形成积极的创新创业文化，激发更多大学生参与到创业活动中。

1.文化氛围和价值观塑造

创业孵化器营造了积极向上、勇于创新的创业文化氛围，培养了创新思维和创业精神，激发了更多大学生参与到创业活动中。

2.合作与交流平台

创业孵化器为大学生创业者提供了一个与其他创业者交流、分享经验、互助合作的平台，推动创新创业文化的形成和传播。

3.创业教育和培训

创业孵化器通过举办创业课程、讲座、培训等活动，提供专业知识和技能的培训，帮助大学生创业者全面提升创业能力和竞争力。

（五）创业孵化器在大学生创业生态系统中的地位

1.创业孵化器作为创业者的孵化平台

创业孵化器为大学生创业者提供一站式创业服务，从创业项目筛选到资金支持再到市场推广，全方位地支持他们的创业发展。

2.连接学校、企业和投资者

创业孵化器作为创新创业生态系统的纽带，能够连接学校、企业和投资者，促进资源共享和合作，推动整个生态系统的协同发展。

3.推动创新创业生态系统的发展

创业孵化器通过提供创业支持、创新资源和专业指导等，推动创新创业生态系统的形成和发展，促进大学生创业者创新创业活动的蓬勃发展。

二、创新创业支持平台的建设与发展现状

（一）创新创业支持平台的定义

首先，创新创业支持平台为创新创业者提供全方位的服务与支持。它通过提供创业培训、导师指导和创业项目孵化等方式，帮助创业者从有创业想法到创业项目落实与实施的整个过程中得到支持和指导。创新创业支持平台的基础设施包括创业办公空间、会议设施以及技术和资源共享平台等，为创业者提供良好的工作环境和必要的资源支持。

其次，创新创业支持平台促进了创业者的知识与技能提升。通过举办各类创业培训、讲座和研讨会，创新创业支持平台帮助创业者熟悉创业过程中的关键事项，提高他们在市场分析、商业模式设计、团队管理和融资等方面的能力。此外，通过与企业、投资者和专家的接触，创业者可以获得宝贵的经验分享和指导。

再次，创新创业支持平台为创新创业者提供项目孵化服务。它通过评估创意和项目可行性、提供创业指导和辅导、帮助准备商业计划书和路演等方式，将创业者的想法转化为可行的商业计划，并推动项目的实施。创新企业平台通常会提供独立办公空间、创业团队组建和运营管理等支持，同时帮助寻找合适的投资者和市场机会。

最后，创新创业支持平台通过提供丰富的投融资服务帮助创业者实现项目的落地和发展。它通过整合资源、引入风险投资和与金融机构合作，为创业项目提供融资渠道和资金支持。创新创业支持平台还会跟踪和评估创业项目的发展情况，为后续阶段的投资提供参考依据，最大限度地降低创业风险。

创新创业支持平台为创新创业者提供了一个全方位的支持体系，帮助他们实现创业梦想和项目的成功落地。它通过提供创业培训、项目孵化和投融资服务等多种服务方式，为创业者提供资源、知识和网络的全方位支持。创新创业支持平台的发展对于促进创新创业生态系统的健康发展和经济转型升级具有重要作用。

（二）创新创业支持平台的建设现状

首先，高校在创新创业支持平台的建设方面发挥着重要作用。许多高校通过设立校内创业孵化器、创新创业中心和科技园等平台，为学生和校友提供创新创业服务和资源支持。这些平台依托高校的教育资源和科研环境，通过开设创业课程、组织创业竞赛和活动等方式，培养创新创业人才，并帮助他们实现创业梦想。目前，国内许多高校在创新创业支持平台的建设上取得了一定的成就，形成了一

批知名的创业孵化器和创新创业基地。

其次，政府部门也承担了推动创新创业支持平台建设的重要责任。各级政府通过出台政策、提供财政资金和创业补贴等方式，支持和引导创新创业支持平台的发展。政府还加强对创新创业支持平台的监管和管理，促进创新创业支持平台资源的合理配置和利用。此外，政府还与高校和企业等合作伙伴共同推动创新创业支持平台的建设，在政策、资金和资源方面进行整合，形成区域创新创业生态系统。

再次，创新创业支持平台建设还需要充分发挥企业的作用。一些大型企业通过设立创新创业基地和创业加速器等平台，为创业者提供资金、技术和市场等支持。企业拥有丰富的行业经验和资源，可以帮助创业者更好地了解市场需求、调整创新创业项目，并提供商业合作和市场销售的机会。此外，企业还可以提供导师制度，为创业者提供实践经验和指导。

最后，创新创业支持平台的建设还需要加强对创业生态系统的整合和联动。创新创业支持平台应与投资机构、产业园区、研究机构和创新创业服务机构等合作伙伴建立战略合作关系，共享资源和信息，形成协同效应。创新企业支持平台间的互联互通可以帮助创业者更好地获得各类支持和资源，提高其创新创业成功的概率。此外，创新企业支持平台还应与国际化的创新创业生态系统进行对接，吸引国内外优秀的创业者和创新创业项目，促进国际化之间创新创业合作与交流。

当前创新创业支持平台的建设已经取得了一定的进展，但仍存在建设水平不均衡、资源整合不够完善等问题。进一步加强高校、政府和企业之间的合作，推动资源共享和优势互补，形成良好的创新创业生态系统，有助于提升创新创业支持平台的建设水平和服务水平，更好地培育创新创业人才，促进经济的转型升级。

（三）创新创业支持平台对初创企业的帮助

创新创业支持平台对初创企业的帮助可以分为以下三个方面：

1. 创业培训和导师支持

创新创业支持平台通过提供创业培训课程，帮助初创企业者掌握创业过程中的关键知识和技能。这些培训课程涵盖市场分析、商业模式设计、团队管理、财务规划等方面的内容，帮助初次创业者了解并应对创业过程中的各种挑战。创新创业支持平台通常会为初创企业配备有经验丰富的导师，这些导师中他们是成功创业者、行业专家或投资人等，可以为初创企业者提供宝贵的指导和建议。导师在创业过程中扮演着重要角色，帮助初创企业者制定合理的企业发展策略，解决问题并避免犯错。

2. 市场调研和商业计划支持

创新创业支持平台为初创企业提供市场调研服务，帮助他们了解目标市场的需求和竞争环境。通过市场调研，初创企业可以更好地定位产品和服务定价，并制定相应的市场营销策略。创新创业支持平台还会帮助初创企业撰写商业计划书，该计划是向潜在投资者和合作伙伴展示企业发展前景和盈利能力的重要工具。创新创业支持平台的专业咨询团队可以为初创企业提供指导，但需要确保商业计划书的内容准确、详尽，并能够吸引投资者的关注和支持。

3. 投融资服务和资源整合

创新创业支持平台通过与投资机构和风险投资者建立合作关系，为初创企业寻找合适的投融资渠道。创新创业支持平台可以帮助初创企业准备投资材料、进行融资谈判，并介绍他们与风险投资者进行对接。

创新创业支持平台具有丰富的资源网络，其包括技术资源、人才资源和行业资源等。初创企业可以通过平台的资源整合能力，获取到对自身发展有帮助的资源，如技术合作、人才招聘、供应链支持等。

创新创业支持平台通过提供创业培训、导师支持、市场调研、商业计划支持，以及投融资服务和资源整合等多种方式，为初创企业提供了有力的帮助和支持。这些服务可以有效地降低创业风险，而加速企业发展，并提高初创企业的竞争力。然而，创新创业支持平台在帮助初创企业取得成功的过程中仍面临一些挑战，如资源分配不均衡、导师匹配度不高等问题，因此需要继续加强和改进。

（四）为创新创业支持平台的跨学科合作与资源整合

1. 跨学科合作

首先，创新创业支持平台通过与相关学科的技术研究机构或实验室进行合作，实现了技术资源的整合。这种跨学科的合作有助于平台获取最新的技术开发和工程设计方面的专业知识。例如，与工程学院合作可以为创业项目提供先进的技术支持和解决方案。通过共享技术资源，创新创业者可以更好地应对技术挑战，推动项目的顺利进行。

其次，创新创业支持平台通过与各个学科的教师、研究人员和研究生进行合作，实现了人才资源的整合。这种合作有助于吸引和培养跨领域的创新创业人才，从而构建多学科、多层次的团队。跨学科团队的形成为创业者提供了全方位的支持，使团队能够汇集不同学科的专业知识和技能。这样的团队结构有助于更全面地理解和解决复杂的创业问题，提高项目的创新能力和竞争力。

再次，创新创业支持平台通过促进跨学科的合作，推动了创新创业领域的交叉融合。不同学科之间的交流与合作促进了知识的交叉传播，推动了新的创意和发明的涌现。例如，在医学学科与工程学科的合作中，可能会涌现出一些结合医疗和技术创新的项目，为医疗行业带来新的解决方案。这种跨学科的融合推动了创新创业领域的发展，为社会带来更多的创新成果。

最后，创新创业支持平台通过跨学科合作，构建了更加综合和强大的创新创业生态系统。不同学科之间的协同合作不仅促进了技术和人才资源的整合，也为创新创业者提供了更广阔的发展空间。这种全方位的支持有助于创新创业生态系统的形成与发展，为更多有潜力的项目提供了更多的发展机会。

创新创业支持平台通过跨学科的合作，实现了技术和人才资源的整合，推动了不同学科之间的交流与融合，构建了更加综合和强大的创新创业生态系统。这不仅为创新创业者提供了更多的支持和机会，也为整个社会的创新发展注入了新的动力。

2. 资源整合

首先，创新创业支持平台通过与投融资机构、创投基金等进行合作，实现了资金和资源的整合。这种合作有助于促进资金的流动和对接，为创业者提供更多的投融资渠道和机会。与投融资机构的紧密合作使创新创业支持平台能够更及时地了解市场的资金动态，为创业者提供更有针对性的投融资建议。资金资源的整合有助于解决初创企业常面临的资金"瓶颈"问题，从而推动项目的顺利进行。

其次，创新创业支持平台通过与相关的供应商、制造商和销售渠道进行合作，实现了供应链资源的整合。这种整合包括与供应商建立稳定的合作关系、与制造商进行生产协同、与销售渠道合作共赢等。通过供应链资源整合，创新创业支持平台为创业者提供全方位的供应链支持，包括原材料采购、生产流程优化、产品质量管理等。这有助于降低创业者的采购成本，提高产品的质量和市场竞争力。

再次，创新创业支持平台通过资金和供应链资源的整合，促进了产业链的协同发展。资金的流通和供应链的畅通有助于推动整个产业链的协同合作。例如，资金的注入可以加速产品的研发和市场推广，而供应链的协同可以提高产品的生产效率和质量。这种产业链的协同发展有助于形成更加完整和强大的产业生态系统，推动创新创业领域的健康发展。

最后，创新创业支持平台通过资源整合，不仅促进了资金和供应链的有机结合，也为创业者提供了更全面的支持服务。这种全方位的资源整合有助于提升创业者的综合竞争力，使其更好地应对市场的挑战。同时，这也为创新创业支持平台自身的可持续发展提供了更为坚实的基础，为未来创新创业领域的发展注入了更多的活力。

3. 协同创新

首先，跨学科合作在创新创业领域的重要性不可忽视。通过跨学科合作，不同学科的专业知识和创新思维，能够在思想和方法上进行交叉融合，从而激发更多新点子和创意。举例而言，将工程学院的技术和设计能力与商学院的市场分析和商业模式设计能力相结合，有望为创业者提供更前瞻性和具有市场竞争力的创业方案。这种协同创新的机制有助于跳出传统学科边界，为创新创业提供更丰富的资源和思维支持。

其次，协同创新还可以促进创业者之间的互补合作。通过跨学科合作，不同学科背景的创业者可以互相借鉴和补充，形成强大的创业团队，提高项目的成功率和市场适应能力。例如，工程学院的创业者可能在技术研发和产品设计方面有独特优势，而商学院的创业者可能更擅长市场分析和商业运作。通过协同合作，他们可以共同发挥各自的专业优势，达到优势互补的效果，形成更具实力和竞争力的创业团队。

再次，创新创业支持平台的跨学科合作与资源整合对于提升创新创业平台综合服务水平和促进创新创业活动的发展至关重要。通过与不同学科和领域的合作，创新创业支持平台可以整合技术资源、人才资源和资金资源等，为创业者提供更多元化和专业化的支持。这种跨学科的综合服务可以更好地满足创业者多样化的需求，提高创业者的创业成功率。

最后，跨学科合作还有助于促进协同创新的发生。不同学科的专业知识和方法论的交叉融合，有助于激发出更多新颖的创意和创新潜力。通过提供创新思维的交叉培训、组织跨学科的创新竞赛等方式，创新创业支持平台可以引导创业者在不同学科领域中寻找灵感，激发创业活动的创意和创新动力。这种协同创新的发展有助于推动整个创新创业生态系统的健康发展。

（五）创新创业支持平台对产业发展的影响

创新创业支持平台对产业发展的影响可以从以下三个方面进行分析。

1. 推动新技术和新产品的研发与应用

创新创业支持平台在推动新技术和新产品的研发与应用方面发挥着至关重要的作用。这一支持平台为创新创业者提供了必要的创业环境和资源支持，为他们提供了实施新科技和商业模式的机会。以下是在这一过程中创新创业支持平台所起到的关键作用：

首先，创新创业支持平台提供了创业环境和资源，使创业者能够大胆尝试新的科技和商业模式。这种创业环境包括共享办公空间、技术设施、导师指导等，为创新创业者创造了有利于尝试和实验的氛围。在这样的支持环境下，创业者更容易展开实践，推动新技术和新产品的研发。

其次，创新创业支持平台通过为创业者提供市场调研和竞争分析等服务，确保新技术和新产品与市场需求相匹配。通过创新创业支持平台提供的市场分析工具和专业知识，促使创业者能够更好地了解市场动态和潜在机会，从而调整研发方向，提高新技术和新产品的市场适应性。

再次，创新创业支持平台通过与行业领军企业和研究机构的合作促进了科研成果的转化和商业化。创新创业支持平台通常建立了与产业界和学术界的紧密联系，为创业者提供了与行业专家、企业合作伙伴和研究机构对接的平台。这有助于加速将科技研究成果转化为实际应用，推动新技术和新产品更快地进入市场。

最后，通过提供资金支持和投资渠道，创新创业支持平台促进了创新创业者在新技术和新产品领域的投入。支持平台的投资机制可以为初创企业提供启动资金、项目资助或投资，帮助创业者渡过初创阶段的财务难关，使其更专注于技术创新和产品研发。

创新创业支持平台通过提供创业环境、市场支持、合作机会和资金支持等多方面的支持，推动新技术和新产品的研发与应用，为产业升级和转型提供了有力的支持。这种创新创业支持平台的作用不仅有助于创新创业者个体的成功，更对整个产业生态系统的发展产生积极而深远的影响。

2. 培养创新型人才

首先，创新创业支持平台致力通过创业培训课程提升创业者的创新能力。这种培训课程涵盖了创意思维、市场分析、商业模式设计等多个方面，旨在激发创业者的创造力和创新思维。通过系统的培训，创业者能够更好地理解市场需求、把握商机，从而在创业过程中更具创新性。

其次，创新创业支持平台通过导师指导的方式，为创业者提供经验传承和个性化的指导服务。导师通常是行业资深人士或成功企业家，他们能够分享实际经验、提供行业洞察，帮助创业者更好地规划和执行创新创业策略。导师指导的个性化特点使创业者能够根据自身情况获得更加精准的支持。

再次，创新创业支持平台通过提供实践经验，使创业者能够更好地适应市场变化和解决实际问题。这可能包括组织实地考察、参与行业活动、与企业家交流等方式，让创业者在实践中不断积累经验，提高对市场的敏感度和适应性。

最后，创新创业支持平台通过为创新型人才提供项目孵化服务，帮助他们实现创业梦想。这包括提供创业资源、技术支持、市场推广渠道等方面的支持，使创新型人才能够更顺利地将创意转化为实际项目，并在市场上取得成功。这种方式不仅有助于培养出一批有活力的创新创业团队和企业，也为产业的发展注入了新的动力。

创新创业支持平台通过培训、导师指导、实践经验和项目孵化等多方面的方式，致力培养创新型人才。这些创新型人才在产业发展中发挥着关键作用，推动着技术创新、市场创新和商业模式创新，为整个产业生态系统的可持续发展做出了积极贡献。

3. 促进产业合作和技术转移

首先，创新创业支持平台通过搭建技术转移桥梁，加速了技术成果的商业化。在这个过程中，平台为创新创业者提供了与企业进行合作的机会，使创新技术得以应用于实际生产和服务领域。这种技术转移不仅有助于推动科技创新的实际落地，还促进了企业的技术升级和产业结构的优化。

其次，创新创业支持平台通过组织创业竞赛、创投路演等活动，搭建了创新创业者、投资者、企业家和行业专家之间的交流平台。这为创新创业者提供了展示和推广自己创新成果的机会，同时为企业寻找新的技术和合作伙伴提供了渠道。这种多方位的交流有助于创新创业者更好地理解市场需求和产业趋势，提高他们的商业洞察力。

再次，创新创业支持平台通过促进产业合作，推动了产业链的协同发展。通过将创新创业者与企业紧密结合，形成产业合作的生态系统，创新创业支持平台为企业提供了更广泛的创新资源和解决方案。同时，创新创业者也能够通过与企业的合作，更好地将创新理念融入实际生产中，促进产业链的高效运转。

最后，创新创业支持平台促进了产业生态系统的完善和创新创业生态链的构建。通过推动技术转移、产业合作和跨界交流，创新创业支持平台为整个生态系统注入了新的活力。这有助于打破传统行业之间的壁垒，形成更加开放、协同的创新创业生态链，推动整个产业生态系统的健康发展。

创新创业支持平台通过促进技术转移和产业合作，推动了创新创业者与企业之间的合作与交流。这种合作不仅加速了科技成果的商业化，还促进了产业链的协同发展，为整个产业生态系统的创新和发展注入了新的动力。

第 六 章

大学生创新创业教育课程设计与实施

第一节 创新创业教育课程设计原则

一、基本原则

（一）培养创新创业精神

1.激发创新意识

课程设计应注重激发学生的创新意识，通过启发式教学、案例分析等方式，引导学生深刻理解创新的重要性。

2.培养创业精神

课程应强调培养学生的创业精神，包括承担风险、创造价值、团队协作等方面的能力，使学生具备实际创业的勇气和能力。

（二）实践导向

1.项目驱动教学

学生在真实的创新创业项目中学习，通过将理论知识与实践操作相结合，以此来提高学生的实际操作能力。

2.实地考察和实习

课程设计应鼓励实地考察和实习，让学生亲身感受市场和行业环境，培养其实际解决问题的能力。

（三）跨学科融合

1.综合学科知识

为了培养学生全面的创新创业素养，创新创业教育课程设计应融合多个学科，涵盖商业、工程、人文等多个领域的知识。

2. 跨专业合作

鼓励学生跨专业合作，通过组建多元化的团队，吸纳不同专业背景的学生共同参与创新创业项目，提升团队创造力。

二、创新创业教育课程设计的特殊要求

（一）创新创业教育课程目标的特殊要求

1. 内在驱动与目标设定

创新创业教育课程设计的独特性在于其强调激发学生的内在驱动力，力求使学生在课程中找到个人兴趣和职业发展方向。与传统课程不同，创新创业教育课程更加注重培养学生的创新意识和创业精神，因此在创新创业教育课程目标设定阶段需要更加注重个性化。在目标设定的过程中，采用一系列手段，包括学生自我评估、导师指导以及与行业专业人士的交流，形成个性化的目标设定。这一过程并非仅仅是知识的灌输，更是在潜移默化中引导学生逐渐形成对创新创业的深刻理解和独立思考。

个性化的目标设定是创新创业课程设计的重要环节。首先，通过学生自我评估，了解其在知识、技能、兴趣和职业规划等方面的特点。通过这一过程，可以更准确地把握学生的需求和期望，为后续的课程设计提供有力地依据。其次，导师的指导在目标设定中发挥着关键作用。导师作为经验丰富的指导者，可以通过与学生深入地交流，帮助他们更加清晰地认识自己的优势和劣势，从而有针对性地设定切实可行的目标。导师的参与能够为学生提供更为专业和实用的建议，使目标更具可操作性。最后，与行业专业人士的交流是目标设定过程中的重要一环节。通过与实际从业者的互动，学生能够更好地了解行业的实际情况，拓宽视野，形成更加明晰的职业发展方向。

个性化的目标设定不仅仅关注学生在专业技能上的提升，更关注于培养其创新思维和创业意识。在这个过程中，教育者应该注重引导学生树立正确的职业观念，使其不仅仅满足于传统的职业选择，更能够勇于追求自己的创新创业梦想。因此，创新创业课程的目标设置旨在通过激发学生的内在动力，引导其对创新和创业的深刻认识，从而培养具备创新精神和创业能力的高层次人才。这一独特性的创新创业教育课程设计理念在当今快速发展的社会背景下显得尤为重要，为学生的全面发展提供了更广阔的空间。

2. 跨学科融合的目标构建

创新创业教育的独特性在于其追求突破学科的界限，旨在培养学生的跨学科思维和实践能力。在这一背景下，课程目标的特殊要求之一就是构建跨学科融合的目标体系。创新创业课程的设计应全面考虑到不同专业背景学生的需求，通过设定既符合专业要求又能够促进学科交叉的目标，使学生能够更好地应对实际创新创业挑战。

跨学科融合的目标构建涉及多个方面。首先，课程目标需要明确反映对不同专业学生的尊重和关怀。这意味着要根据不同专业的学科特点，量身定制目标，确保每位学生都能够在课程中找到属于自己的定位和发展方向。其次，目标体系应强调跨学科思维的培养。通过设定能够引导学生打破学科壁垒的目标，激发其在解决实际问题时运用多学科知识的能力，培养学生的跨学科思维模式。这有助于学生更好地理解和解决跨学科性质的创新创业难题。最后，跨学科融合的目标构建还需要注重专业间的协同培养。通过设置旨在促进不同专业学生合作的目标，鼓励学生在团队中充分发挥各自专业优势，实现协同创新。这有助于培养学生在团队协作中的领导力、沟通能力和问题解决能力。跨学科合作是创新创业活动中的重要环节，通过课程目标的有机设计，可以为学生提供更加丰富和实用的实践经验。

跨学科融合的目标构建是创新创业教育中不可忽视的一环。通过科学合理地设计课程目标，使其能够全面覆盖不同专业背景学生的需求，并注重培养跨学科思维和团队协作能力，将有助于培养更具全面素养的创新创业人才。这种目标构建的独特性，符合当前高等教育的发展趋势，也为学生未来的职业发展奠定了坚实的基础。

3. 实践导向与职业发展路径

创新创业课程目标的设定应凸显实践导向，紧密关联学生的职业发展路径。相较于传统课程，创新创业教育课程旨在通过实践活动深化学生对创新创业领域的理解，使他们能够在实际项目中应用所学知识。因此，课程目标的设定必须充分考虑行业需求，明确培养学生在创新创业项目中所需的技能和素质，为其职业发展路径的规划提供有力支持。

首先，创新创业课程的目标设定应强调实践导向，确保每位学生在学习过程中能够通过实际操作获得创新创业领域的实践经验。这要求设定创新创业课程目标时要明确要求学生参与项目实践、解决实际问题，并在团队中合作完成创新性的任务。通过这样的目标设定，学生将更容易理解理论知识在实践中的应用，提高实际解决问题的能力。

其次，课程目标设定需要关注职业发展路径，明确课程的目标与学生未来职业发展之间的关系。这包括明确培养学生的创新思维、团队协作和领导力等与职业发展密切相关的素质。设定能够引导学生发展职业技能的目标，使其更好地适应未来创新创业领域的职业需求。

最后，课程目标的设定还需要关注行业发展趋势，确保每位学生获得的知识和技能是创新创业领域实际需要的。这要求目标设定时要结合当前行业的热点问题，引导学生关注和解决实际存在的挑战。通过这样的目标设定，学生将更具备创新创业领域的前瞻性和适应性。

创新创业课程目标的设定应强调实践导向，并与学生职业发展路径紧密相连。通过设定明确的实践性目标，引导学生在实际项目中锻炼能力，同时确保这些目标与未来职业发展的需求相契合，将为学生提供更加有针对性和实用性的创新创业教育。

（二）创新创业课程教学方法的特殊要求

1.互动性与团队合作

创新创业课程的独特性要求更强调互动性与团队合作的教学方法。传统的单向传授模式在满足学生在创新创业过程中的需求方面存在不足。因此，创新创业教育需要采用多种形式的教学方法，包括案例分析、团队项目、实地考察等，以激发学生的积极性和创造性。互动性的教学方法有助于学生更好地理解理论知识，并在团队中运用所学知识，培养团队协作精神。

在创新创业课程中，采用案例分析是一种有效的互动性教学方法。通过分析实际创新创业案例，学生能够深入了解成功或失败的原因，从中汲取经验教训。这种互动性的学习方式不仅能够培养学生的分析思维，还能够引导他们更好地理解创新创业领域的实际操作。

团队项目是另一种重要的互动性教学方法。通过组建多学科、多专业的团队，学生在实际项目中合作解决问题，培养了解决实际挑战的能力和团队协作精神。这种教学方法更贴近创新创业实践，使学生能够在团队中充分发挥个人优势，共同迎接挑战。

实地考察是引入实际场景的互动性教学方法。通过参观企业、创业孵化器等实地考察，学生能够直接感受创新创业环境，了解实际运作情况。这种教学方式能够加深学生对创新创业领域的认识，同时提高他们的实际操作能力。

互动性与团队合作是创新创业课程设计中的重要方面。采用多样化的教学方法，包括案例分析、团队项目、实地考察等，有助于激发学生的学习兴趣，培养其实际操作能力和团队协作精神。这样的特殊要求使创新创业教育更贴近实际需求，为学生提供更全面的能力培养。

2. 创业导师制度的建立

创新创业课程的特殊性要求建立创业导师制度，以强调个性化指导。在这一制度中，每位学生在创业导师的带领下，得以更深入地了解创新创业领域，并获得有针对性的指导。创业导师制度的建立旨在为学生提供更为贴近实际的支持和启示，促使其更好地将理论知识应用到实践中。这种个性化地指导有助于挖掘学生的潜力，培养其独立思考和解决问题的能力。

首先，创业导师制度的核心在于为每位学生分配一名有经验、资深的创业导师。导师不仅在创新创业领域具备专业知识，还能够了解每位学生的个性、兴趣和潜在优势。通过与学生的定期面谈，导师能够更好地理解学生的职业规划和创业意愿，从而为他们提供更为个性化的指导方案。

其次，创业导师制度应该注重与学生的互动和交流。导师不仅仅是知识传授者，更是学生创新创业过程中的良师益友。通过组织定期的讨论会、经验分享会等活动，让学生有机会与导师和其他同学交流创业心得、遇到的问题及解决方案，形成一个开放、互动的学习和指导平台。

最后，创业导师制度需要强调实际操作。导师应该引导学生参与真实的创业项目，或者帮助学生发起自己的创业计划。通过实践，学生能够更好地理解创业过程中的挑战和机遇，培养其实际操作的技能，同时导师的经验和指导也能够为学生的创业实践提供有力支持。

创业导师制度的建立是创新创业课程的重要组成部分。通过个性化指导、互动交流和实际操作，这一制度有助于为学生提供更为深入、全面的创新创业支持，推动其在创业领域取得更好的发展。

3. 创新思维的培养与创业模拟

创新创业课程的特殊性要求强调创新思维的培养，因此，在教学方法中需要融入创业模拟环节。创业模拟是一种通过模拟真实创业场景的方式，让学生在相对安全的环境中体验创业的全过程，包括项目策划、资源调配、市场推广等方面。这一教学方法旨在通过实践性的学习，培养学生创新思维和实际操作能力，使其更好地适应创新创业领域的挑战。

首先，创业模拟可以为学生提供一个实践平台，使其能够在虚拟的创业环境中尝试和实践。通过设定具体的创业情境，学生需要思考并制订相应的创业计划，了解资源分配、团队合作等方面的问题。这种实际操作的学习方式有助于培养学生的创新思维，使其在未来真实创业中能够更加从容应对各种情境。

其次，创业模拟能够帮助学生形成全局观。在模拟过程中，学生需要考虑和协调各个环节，从而了解一个创业项目的全貌。这有助于培养学生对复杂问题的综合分析和解决能力，使其具备更为全面的创新创业素养。

最后，创业模拟还可以促进学生之间的合作与交流。在团队协作的过程中，学生需要共同商讨并制定决策，培养团队合作精神。通过模拟创业活动，学生可以学到团队协作的重要性，并在实际操作中感受到团队协作的价值。

创业模拟是一种有利的教学方法，有助于强调创新思维的培养。通过实际操作、全局观培养和团队合作等方面的训练，学生能够更好地理解创新创业领域的本质，从而为未来的创业实践打下坚实的基础。

4. 实时反馈与个性化评估

创新创业教育旨在培养学生的实际能力，因此，教学方法中的实时反馈和个性化评估显得尤为重要。通过实时反馈，学生可以及时了解自己在创新创业过程中的表现，从而更好地认识到自身的优势和改进的空间。这种及时的回馈机制不仅促进了学生对自身能力的认知，还为其提供了在创业实践中不断改进的机会。

个性化评估是创新创业教育中的一项重要策略。每位学生在创新创业方面具有独特的背景、兴趣和潜力，因此需要个性化的评估方式。通过全面了解学生的优势和不足，教师可以制订有针对性的培训计划，为学生提供个性化的支持。这种差异化的评估方法不仅有助于激发学生的学习兴趣，更能提高其对创新创业的投入度。

在实时反馈和个性化评估的基础上，教师可以更好地了解每位学生在创新创业项目中的需求，并根据其个体差异制订更为贴近实际的教学计划。这有助于推动学生在创新创业领域中的个性化发展，培养其更全面、更具创造力的创新创业能力。

总体而言，实时反馈和个性化评估是创新创业教育中的关键要素。这种教学方法不仅有助于提高学生的学习效果，更能够培养其在创新创业领域中的个性化发展和实际能力，为未来的创业实践奠定坚实的基础。

第二节　大学生创新创业教育课程实施研究

一、课程实施中的教学方法和手段

（一）教学方法的选择与理论基础

1.课程设计的理论框架

大学生创新创业教育课程的设计不仅基于科学而创新的教学方法，更深植于对创新创业教育理论的深刻研究。在这一过程中，建立了一套系统而有机的课程设计理论框架，其构建的理论框架融汇了建构主义、任务型教学等多元化教育理论，旨在全面激发大学生的创新意识、创业能力和团队协作精神。

该设计理论框架首先注重理论体系的建构，通过深入研究创新创业教育的相关理论，精心构建起一套完整的框架。其中，建构主义理论被巧妙地纳入，以促使学生通过主动参与和互动来构建自己的知识结构，从而在创新思维和问题解决能力方面得到深层次的培养。任务型教学理论则有助于将课程内容贴近实际问题，使学生在解决实际挑战的过程中不断提升创新创业技能。

在此理论框架下，课程设计注重培养学生的创新能力。通过课程设置，学生将深度参与到实际的创新创业项目中，从而在真实环境中培养出解决问题的能力。此理论框架还重视团队协作精神的培养，通过设计团队合作项目，促使学生学会有效沟通、协同工作，并在团队中发挥个人优势，形成协同创新的力量。

这一理论框架不仅注重于传授创新创业的知识，更关注学生的实际能力培养。通过建构主义和任务型教学等多元理论的有机融合，该理论框架为大学生创新创业教育提供了系统、科学、可操作的理论支持，使其在实施中更富有针对性和可持续性，为大学生创新创业教育的学术发展提供了有益的借鉴。

2.案例教学与实践操作相结合

在大学生创新创业教育课程的实施中，注重将案例教学与实践操作相互融合，以促使学生在理论知识的基础上能够灵活应用于实际情境。这一教学方法的核心在于通过深度挖掘实际创新创业案力，为学生提供深刻的行业洞察力，使其能够更全面地理解行业动态、把握企业经营策略。

案例教学的精选与设计成为课程实施的关键，通过挑选具有代表性和教育价值的实际案例，为学生呈现创新创业的实际挑战和成功经验。这种情境化的学习方式不仅拓展了学生的知识面，还在潜移默化中培养了其对实际问题的敏感性和分析能力。

与案例教学相辅相成的是实践操作的强调。通过将理论知识与实际操作相结合，学生得以通过亲身参与，深度体验到创新创业过程中的种种挑战与机遇。这种实践操作的设计不仅仅是简单的任务执行，更强调学生在解决问题的过程中培养的创新思维、团队协作和决策能力。通过实际操作，学生能够逐步建立对创业实践的自信，为未来的创业实践提供了坚实的基础。

这种综合案例教学与实践操作的方法旨在培养学生的实践动手能力，使其不仅了解理论知识，更能够灵活运用这些知识以解决实际问题。这样的教学手段不仅能够提高学生的创业能力，也有助于培养学生的创新意识和实际应变能力。这种教学方法在大学生创新创业教育领域具有重要的学术价值，为培养具备实际操作能力的创业人才提供了有益的实践经验和教育参考。

（二）创业教育手段的多样性与有效性

1.线上线下结合的混合式教学模式

在大学生创新创业教育课程的实施中，为适应当今数字化时代的潮流，教学方法的创新成为不可忽视的方面，特别是采用线上线下结合的混合式教学模式。这种模式的设计旨在充分发挥线上线下教学的优势，以提供更为灵活、全面的学习体验。

混合式教学模式中，线上平台成为学生获取学习资源和开展合作的重要渠道。通过线上平台，学生可以随时随地获取大量丰富的学习资源，包括文献资料、多媒体教材等。这种开放性的学习环境有助于拓宽学生的知识视野，促使他们更主动地参与到课程学习中。同时，线上平台也为学生提供了交流和合作的空间，促进了团队协作和思想碰撞，从而培养了学生的团队合作精神。

在线下的面对面教学环节中，强调实践操作的展开，使学生能够更好地应用所学知识。通过实际操作，学生在真实场景中能够深刻理解理论知识的实际应用，培养解决实际问题的能力。面对面的互动也有助于建立师生之间更为紧密的联系，提高学习效果。教师在这个过程中不仅能够及时解答学生的问题，还能够通过实际观察了解学生的学习状态，从而更好地调整教学策略。

这种混合式教学模式的设计不仅使学生能够充分享受线上线下教学的优势，也使教育资源被更为灵活地利用。该模式为大学生创新创业教育提供了更为多样化的学习体验，并且更加贴近学生的学习习惯和需求。在数字化时代，这一混合式教学模式的应用不仅在教育领域取得了显著的成果，也为今后创新创业教育模式的发展提供了有益的经验。

2. 导师制度的建立与运营

大学生创新创业教育在课程设计中引入导师制度，旨在通过与行业专业人士的合作，为学生提供更为个性化的指导和实践支持。这一导师制度的建立与运营成为课程实施中的重要组成部分，为学生的创新创业能力培养提供了有力的支持。

导师制度的核心在于通过与行业专业人士的合作，使学生能够在创新创业教育中得到更为深入和贴近实际的指导。导师作为业内资深人士，他不仅具有丰富的实践经验，还能够为学生提供行业内最新的趋势和动态。通过个性化指导，学生得以更全面地了解自身潜在的创新创业能力，并在导师的指引下逐步完善自己的创业方向和创业计划。

导师的参与不仅仅在于理论性的指导，更在于为学生搭建与实际创业环境对接的桥梁。通过与导师的深度互动，学生能够更加直观地感受实际创业过程中的挑战和机遇。导师通过分享自身的实际经验，帮助学生更好的理解行业运作规律，提高其在创业中的决策能力。这种与导师的互动不仅为学生提供了学科知识以外的实际指导，也拓宽了他们的职业视野和行业认知面。

导师制度的建立不仅强调了教育的实际性，更提升了创新创业教育的针对性。通过与导师的合作，教育机构得以更好地贴近实际行业需求，为学生提供更为实用的知识和技能。同时，学生与导师之间的互动也有助于建立起持续的职业网络，为学生未来的职业发展提供了坚实的基础。这种创新的导师制度不仅在学术上具有重要价值，也在实际创业教育中发挥着积极的作用，为大学生创新创业教育提供了有益的实践经验和教育借鉴。

二、大学生创新创业教育课程实施效果分析

（一）学生创新创业能力的提升

1. 创新思维能力的培养

（1）启发式教学方法的运用

创新思维能力的培养是大学生创新创业教育的核心目标之一。采用启发式教

学方法，通过提出具有挑战性和开放性的问题，引导学生在不同的情境中灵活运用所学知识进行思考和解决问题。这一方法不仅激发了学生的创新意识，更培养了他们的主动学习和自主思考的能力。通过实际案例的深入分析和讨论，学生得以深入了解创新的本质，从而在未知领域中迅速适应和创造。

（2）开放性问题解决的实践应用

创新思维能力培养强调实际问题解决的实践应用。通过设置开放性问题，学生在团队合作中面对真实的挑战，不仅锻炼了他们的创新思维，还培养了团队合作和沟通技能。这种实践应用的方式使学生能够在具体问题中理论联系实际，促使创新思维更加贴近实际场景。

2. 创业实践经验的积累

（1）实践环节的重要性

课程注重实践环节的设置，使学生能够参与真实的创业项目。这不仅是理论知识的延伸，更是对学生创业实践的有力支持。实践环节注重通过项目实施过程中的挑战性任务，培养学生在具体创业场景中的解决问题的能力。

（2）不确定性环境下的决策与适应能力

创业实践经验的积累着重培养学生在不确定性环境下的决策和适应能力。学生通过实际参与创业项目，深刻理解创业过程中的挑战和机遇，从而提高了他们在不确定性环境中迅速作出决策和适应的能力。这种创业实践经验积累不仅为学生提供了创业实践的实际指导，也为其未来的创业活动打下了坚实的基础。

（二）教育效果的量化与评估

1. 定期评估与反馈机制的建立

在大学生创新创业教育课程的实施中，定期评估与反馈机制的建立被视为一项至关重要的教学管理措施。首先，这一机制旨在通过系统性地评估和反馈，以全面了解每位学生在创新创业教育过程中的学习状况。其次，通过考核学生创新项目的进展和团队协作表现等多方面因素，可以更加客观地评估学生在实践中的能力表现。再次，通过定期的评估，教师能够及时发现学生的学习难点和问题，为后续的教学调整提供科学依据。最后，这一机制还能够激励学生形成自我驱动力，使其更加主动参与学习，不断追求卓越。

2. 校企合作与社会认可度的提升

校企合作是大学生创新创业教育中的一项关键战略，通过与企业建立紧密的合作关系，促使课程更贴近实际市场需求。

首先，通过深度整合校企资源，学生得以直接参与企业项目，将理论知识与实际应用相结合。企业的专业经验和资源支持为学生提供了更广阔的视野，使他们能够深刻理解行业发展趋势和市场需求。

其次，通过企业合作项目，学生的创新项目能够得到实际市场的检验和认可。这种实际市场验证不仅提高了创业成功的机会，还为学生提供了更深层次的实践体验，让他们在真实的商业环境中更好地发挥所学知识。校企合作的实施，使课程的实际应用价值大幅提升。通过将企业的实际问题融入课程中，学生能够面对真实挑战，培养解决问题的能力。这种实际应用的教学方式不仅让学生更好地理解和掌握理论知识，还能够培养他们在实际商业环境中迅速适应和应用知识的能力，增加课程的实际应用价值。

最后，与企业的紧密合作不仅促进了学生的创新创业能力的全面提升，也提高了整个课程的社会认可度。这种社会认可度的提升不仅体现在学生的创新成果在市场上的成功，还表现在企业对该课程的积极反馈和支持。

校企合作是大学生创新创业教育的关键要素之一。通过深度整合资源、实际市场验证创新成果、增加课程的实际应用价值，校企合作不仅提高了学生的社会认可度，也推动了大学生创新创业教育的可持续发展。这种校企合作模式为创新创业教育注入了更多的实践元素，使学生更好地面对未来社会挑战。

第三节　课程效果评估与调整

一、课程效果的评价指标体系

（一）学术素养的提升

1.创新创业理论知识的掌握程度

学术素养的首要指标之一是学生对创新创业理论知识的掌握程度，这一方面评价着学生在创新创业领域的学术水平和理论基础。评估学生的创新创业理论知识掌握程度不仅关注知识的广度，更关注其深度和应用能力。

学生在创新创业领域应当具备对理论知识的广度，即对该领域的核心理论框架有清晰的了解。这包括对创新和创业的基本概念、相关模型以及实践经验的掌握。学生需要能够熟练运用创新创业理论框架，来理解不同理论之间的关联，以及如何将这些理论应用到实际的创新创业情境中。广度的掌握是建立学术素养的基础，为学生深入研究创新创业领域奠定了坚实的理论基础。

此外，学术素养的评价还关注学生对创新创业理论知识的深度。深度地掌握意味着学生能够深入挖掘理论背后的原理，理解理论的演进过程，对相关概念和模型有更为透彻地认识。深度地理解能够使学生在面对实际的创新创业问题时能够提出更为有针对性和创新性的解决方案。通过深度的理论思考，学生能够对创新创业领域的发展趋势有敏锐的洞察力，为未来的创新实践奠定坚实的基础。

评估学生在创新创业理论知识方面的成长，教师可以通过多方面的方式，包括考查学生在理论课程中的学术成绩、参与学术讨论的能力等。这样的综合评价能够更全面地了解学生在创新创业理论方面的掌握程度，为他们在未来的实际创业实践中提供坚实的理论支持。这一学术素养的培养不仅有助于学生在学术领域的发展，也为其未来创新创业实践奠定了深厚的理论基础。

2. 相关领域研究方法的熟练运用

除了对创新创业理论知识的掌握，学术素养的评价还应该聚焦在学生对相关领域研究方法的熟练运用上。在创新创业领域，科学研究方法的熟练应用对于解决实际问题和推动领域发展至关重要。因此，评估学生在实际项目中运用科学研究方法解决问题的能力是学术素养评价的重要方面。

学生需要具备能够在实际项目中运用科学研究方法解决问题的实践能力。这包括对于研究设计的合理性、数据采集的有效性以及数据分析的准确性等方面的考察。学术素养的评价不仅关注学生是否能够灵活选择和运用合适的研究方法，还需要考查学生对这些方法的理解程度。只有在深刻理解研究方法的基础上，学生才能够准确运用这些方法，并通过科学的研究方式为实际问题提供有效解决方案。

对学生在研究项目中采用的方法、数据分析的准确性以及对研究方法的理解程度进行全面评估，可以更深入地了解学生在实际研究中的学术水平。这样的评价方法旨在促使学生在创新创业领域具备严谨的科学精神，使其能够在实际项目中运用科学研究方法更为熟练，提高其解决实际问题的能力，从而为未来的创新创业实践打下坚实的研究基础。

3. 学术论文或项目报告的质量

学术素养的提升在学术论文或项目报告的质量方面体现得尤为显著。学生在创新创业领域的学术素养不仅仅表现在对理论知识的掌握和研究方法的熟练应用上，还需通过编写高质量的学术论文或项目报告来展现其学术表达能力。

学术论文的质量是评价学生学术素养的一个重要标准。学生需要具备编写结构清晰、逻辑严谨、表达准确的学术论文的能力。在学术论文中，不仅要求学生对相关理论进行深入分析，还需要他们能够清晰地阐述自己的观点，进行合理地论证，并通过丰富的文献调研展现对学科领域的全面了解。通过评估学生的写作技能、论证过程的合理性，以及对学术规范的遵循，教师可以全面了解学生在学术表达方面的提升情况。

除此之外，对于实际项目报告的撰写水平也是学术素养评价的重要内容。学生在创业实践中需要将理论知识应用于实际项目，并通过项目报告清晰地呈现项目的背景、目标、方法、结果以及结论。项目报告的质量直接反映了学生对实际创新创业项目的理解和应用水平。对学生在项目报告中的表达能力、逻辑思维的清晰度以及解决问题的深度进行评估，可以全方位地了解学生在实际项目中的学术素养方面的提升情况。

因此，学术论文或项目报告的质量评估不仅有助于教师全面了解学生在学术表达方面的提升情况，也是创新创业教育中对学生综合素养的重要体现。这种评价方式有助于培养学生在学术和实践结合的背景下，更好地运用所学知识解决实际问题的能力。

（二）实际操作能力的培养

1.创业实践项目中的表现

学术素养的提升在学生实际操作能力方面得以体现，其中评价的首要方面是学生在创业实践项目中的表现。这涵盖了学生在整个创业项目过程中的规划、操作技能的展现以及项目最终实际效果的产生。通过对学生创业项目的实地考察和综合评估，能够客观地反映出他们在实际操作中所展现的能力水平。

首先，学生在创业实践项目中的表现体现在项目的整体规划上。这包括对市场、竞争对手、目标客户等因素的全面考量，以及项目的详细计划和实施策略。学术素养的提升使学生能够更加深入地理解和应用创新创业理论，从而在项目规划阶段展现出对实际问题的深刻洞察力和科学的解决方案。

其次，学生在实施过程中的操作技能也是评价实际操作能力的关键方面。这包括团队协作、资源调配、风险管理等方面的实际操作。学生在实际项目的执行阶段中，需要展现出高效的沟通协作能力，并灵活运用所学理论知识解决实际问题的能力，以及在不确定性环境中迅速决策的技巧。

最后，项目结果的实际效果是评价学生实际操作能力的重要标志。这不仅包括项目是否顺利完成，更重要的是项目对市场、社会的实际影响。学术素养的提升使学生更能够将理论知识转化为实际创业行动，从而创造出具有实际价值和市场竞争力的创新成果。

对学生创业项目的实地考察和综合评估，可以全面了解他们在实际操作中的能力水平。这种评价方式有助于培养学生在实际创业环境中更好地应用所学知识解决问题的能力，使其在未来的职业生涯中更具竞争力和实践经验。这也为创新创业教育的可持续发展提供了有力的保障。

2. 团队协作能力

团队协作能力在实际操作中扮演着至关重要的角色，因为创新创业往往需要多人共同合作来实现共同的目标。评估学生的团队协作能力需要考察他们在团队中的角色扮演、沟通效果，以及解决团队内部问题的能力等方面。对团队合作过程的观察和学生自我评价，能够全面了解他们在协作方面的表现。

首先，在评估学生的团队协作能力时要考虑的是他们在团队中的角色扮演。学生应当能够理解并履行自己在团队中的责任，然后发挥各自的专业优势，再协同工作以实现共同的目标。观察学生在团队项目中的角色分工、任务分配和协同合作情况，可以客观地评估他们在团队中的积极性和责任心。

其次，沟通效果是团队协作中不可或缺的一环。评估学生的沟通能力需要关注他们在团队中的表达、倾听和反馈的能力。有效地沟通能够促进团队成员之间的理解和合作，有助于解决团队工作中的问题。观察学生在团队会议、讨论中的表现，可以评估他们的沟通效果及沟通技巧。

最后，解决团队内部问题的能力也是团队协作能力的关键方面。学生在团队合作中可能面临意见分歧、冲突等问题，评估学生解决这些问题的能力能够反映他们在团队中的应变和协调水平。观察学生在团队合作中是否能够妥善处理团队内部矛盾，通过建设性的方式解决问题，有助于评估其团队协作的成熟度。

对团队协作能力的全面评估，可以更好地培养学生在实际创业环境中的协作能力，使其具备在团队中高效协同工作的能力。这种评估方式为创新创业教育提供了实际的指导和保障，帮助学生更好地适应未来职业中的团队合作环境。

3.解决实际问题的能力

解决实际问题的能力是创新创业实践中的关键方面，对于学生在实际操作中的表现具有重要意义。这方面的评估旨在了解学生在项目过程中所面临的挑战以及他们采取的解决方案的实际效果。通过深入分析学生解决问题的方法和策略，可以全面评估其在实际创业环境中的应变和解决问题的能力。

首先，学生在创业实践项目中可能面临各种挑战，包括市场竞争、资源限制、技术难题等。评估学生解决实际问题的能力要关注他们在面对这些挑战时的反应和决策过程。观察学生是否能够迅速识别问题的关键点，分析问题的根本原因，并理智地制定问题的解决方案。

其次，评估学生采取的解决方案的实际效果。学生提出的解决方案需要经过实际实施，并在项目中产生可观的效果。对项目结果的观察和数据的收集，可以客观地评估学生提出的问题解决方案是否切实可行、是否有效。这种评估不仅关注解决问题的理论性，还注重其实际应用的成果。

在评估学生解决实际问题的能力时，教师可以采用案例分析、项目报告和实地考察等多种方式。这些手段可以深入了解学生在实际创业过程中的思考过程、决策路径以及问题解决的实际效果。这样的评估方式不仅有助于发现学生在实际操作中的优势和不足，也为他们提供了在未来创业实践中更好地应对挑战的经验和能力。

（三）创新思维和问题解决能力

1.创新思维表现

创新创业课程的核心目标之一是培养学生的创新思维。评价创新思维的首要指标是学生在课程中表现出的创新思维水平。这包括对问题的独特见解、寻找解决方案的创造性思考，以及在团队中激发创新的能力。对学生在课程中的案例分析和创新项目中的表现进行综合评估，可以全面了解他们的创新思维水平。

2.独立思考能力

评估创新思维还需要关注学生的独立思考能力。这体现在学生对问题的分析、独立提出观点和解决问题的能力上。对课堂讨论、独立思考问题的考察以及分析学生对项目的个人贡献等方面，全面了解他们在独立思考方面的能力。

3.解决实际问题的能力

创新思维与问题解决能力密不可分。评估学生在解决实际问题上的能力需要考察他们对问题的分析深度、提出问题解决方案的创造性，以及在项目实践中如何应对不同的挑战。对学生解决实际问题的策略和过程进行深入研究，可以全面了解其在创新创业领域的综合素养。

二、针对评估结果的课程调整策略

（一）个性化指导与反馈

1. 学术素养的提升

在创新创业教育中，学术素养的提升至关重要，而其中的关键策略之一是个性化学术指导。教师在这一过程中需要深入了解每位学生的独特学术背景、个人兴趣以及擅长领域。通过建立密切的师生关系，教师能够更准确地指导学生选择适合其发展方向的学术领域。这种个性化的指导不仅有助于确保每位学生在创新创业理论方面得到更为全面的发展，也促使学生更深入地探索与其兴趣和潜力相契合的领域。

个性化学术指导的另一个重要方面是突出学生的优势并明确指出改进的方向。通过详细的评语和建议，教师能够帮助学生更全面地了解在学术素养方面所取得的成就。这种正向的反馈不仅是对学生发展的激励，更是对其学术提升的有针对性引导。同时，通过明确指出改进的方向，学生能够更有针对性地应对学术挑战，不断完善自身的学术能力。

这一定期的个性化学术指导和反馈机制在大学生创新创业教育中扮演着至关重要的角色。通过建立师生之间的紧密联系，学术导师能够更全面地了解学生的学术需求，从而提供更具体、有针对性的指导。这种个性化的关怀和支持有助于激发学生的学术兴趣，推动其在创新创业领域的深入学习。

个性化学术指导及突出优势与改进方向的反馈，为大学生创新创业教育提供了重要的学术支持和引导。这一策略不仅有助于学生在学术素养方面的全面提升，也能够激发其对创新创业领域更深层次的兴趣和探索。通过建立这种个性化的学术关系，创新创业教育能够更好地发挥其教学作用，为学生的未来职业发展打下坚实的学术基础。

2. 实际操作能力的培养

在大学生创新创业教育中，实际操作能力的培养是至关重要的，而其中的两项关键策略是创业实践项目中的个性化支持和有针对性领域的实践培训。

个性化支持在创业实践项目中是一项关键战略。教师通过深入了解每位学生在创业实践项目中的表现，然后根据他们的表现提供个性化的指导和支持。这种个性化支持不仅包括对每位学生的实际操作能力进行具体指导，还涉及对其在项目中所遇到困难的深入了解。通过与学生的沟通和反馈，教师能够更全面地了解每位学生在实际操作中的困难和优势，以此为其提供有针对性的培训和建议。这一关怀与支持不仅能够提高学生在创业实践项目中的表现，还有助于培养学生的解决实际问题的能力，增强其在实际创业环境中的适应性。

有针对性领域的实践培训也是实际操作能力培养的重要策略。基于对学生实际操作能力的评估结果，教师可以调整实践环节的设计，加强特定领域的实践培训。这种有针对性的实践培训意味着为学生提供更加个性化、专业化的实践经验。通过深入学科领域的培训，学生能够更好地适应实际创业环境，提高其在特定领域的实际操作水平。这一策略不仅有助于弥补学生在特定领域的不足，还能够培养他们在实际操作中的专业技能，增强其创业实践能力。

个性化支持和针对性领域的实践培训是大学生创新创业教育中重要的战略，其战略有助于全面提升学生的实际操作能力。通过这些策略，教师能够更好地满足学生在创业实践中的个性化需求，使他们在实际操作中更为熟练、自信，以此为未来的创业实践打下坚实的基础。

（二）实践环节的调整与优化

1.创新思维培养与项目引导

在大学生创新创业教育中，创新思维培养与项目引导是至关重要的策略，其中的关键调整策略包括创新思维的个性化培养和项目引导的针对性支持。

个性化培养是创新思维和解决问题能力提升的重要调整策略。通过针对性地创新思维培养，教师可以更好地引导学生在项目中展现出独具创新力的思维。这包括为学生提供个性化的创新案例分析和启发性问题的提出。通过深入了解每位学生的兴趣和潜能，教师可以为他们量身定制地培养计划，激发其创新潜力。此外，定期组织个性化的创业导师和企业专业人士的交流活动也是培养创新思维的有效手段。通过与实际成功经验的交流，学生能够获取更多的创新灵感，促使他们在创业实践中展现更高水平的创新思维。

在项目引导方面，针对性支持是关键调整策略之一。教师可以通过项目引导的方式，提供个性化的支持，解答学生在项目中遇到的问题，引导他们寻找创新解决方案。通过实际案例的深入讨论，教师能够激发学生更高水平的创新思维。这种个性化的项目引导有助于更好地满足学生在创新创业过程中的个性化需求，使其能够更深入地思考和解决实际问题。

创新思维培养与项目引导的个性化调整策略是大学生创新创业教育中不可或缺的一部分。通过这些调整策略，教师能够更好地激发学生的创新潜力，引导他们在项目中展现出更高水平的创新思维和解决问题的能力。这不仅有助于学生在创业领域取得更好的成绩，也为其未来职业发展奠定了坚实的创新基础。

2. 课程内容的更新和优化

为全面提升大学生创新创业教育的效果，课程内容的更新和优化是一项必要而重要的策略。这一策略涵盖了两个关键方面，即关注行业发展动态的课程更新和根据学生反馈调整课程内容。

首先，关注行业发展动态的课程更新是课程内容更新和优化的基础。教师应时刻密切关注创新创业领域的最新发展，包括理论、实践案例以及市场趋势等方面。通过不断更新课程内容，教师能够确保所教授的知识体系紧跟时代潮流，与实际市场需求保持一致。引入最新的创新创业理论和实践案例，能够为学生提供更为丰富、前沿和实用的学习体验。这不仅有助于学生更好地理解行业动态，还能够激发其创新思维和实践能力。

其次，根据学生反馈调整课程内容是一项体现课程优化的重要策略。教师应通过定期的问卷调查、小组讨论等方式，主动收集学生对课程内容的看法和建议。学生的反馈是课程优化的重要依据，教师可以通过分析学生的意见和建议，了解哪些方面的课程内容需要调整，以及如何更好地满足学生的学习需求和实际挑战。这种定期的反馈机制不仅有助于提升课程的针对性和实用性，还能够增强学生的学习参与感和满意度。

关注行业发展动态的课程更新和根据学生反馈调整课程内容是大学生创新创业教育中非常重要的优化策略。通过这些策略，教师能够更好地适应变幻莫测的创新创业领域，为学生提供更为实用和贴近实际的教学内容，从而推动创新创业教育的不断发展。

第 七 章

大学生创新创业教育的评价体系构建

第一节　教育评价体系的概念与重要性

一、高校创新创业教育评价的功能

教育部相关文件指出，"在高等学校大力推进创新创业教育，对于促进高等教育科学发展，深化教育教学改革，提高人才培养质量具有重大的现实意义和长远的战略意义"。因此，对高校创新创业教育效果进行评价，旨在对其各维度的实现情况进行全面科学分析，以体现导向功能、教育功能和改进功能。

（一）导向功能

高校创新创业教育评价的导向功能是教育评价体系的核心，其目的在于为高校提供明确的办学导向和教育方向。在创新创业教育中，导向功能是通过对高校工作目标、教育教学工作的规范性、维度准确性的分析来体现。

首先，评价系统要确保与国家的教育方针和政策相一致，确保高校的创新创业教育目标与国家需求相契合。

其次，评价系统应当关注学生对创新创业教育的认同感与参与程度，以及学生在接受教育前后的创业意向变化。

最后，评价系统还应关注高校是否充分投入师资和经费，是否举办规模适当的实践活动和竞赛，以确保各项工作得以有序展开。

导向功能的体现还包括对高校办学理念和教育观念的引导。评价应当重视学校是否具备创新创业的核心理念；是否在教学过程中体现了创新思维和实践导向。通过评价体系，高校应受到鼓励以不断调整和改进自身的办学方向，确保创新创业教育始终紧密贴合社会需求和国家战略的发展趋势。

（二）教育功能

高校创新创业教育评价的教育功能强调适应时代社会需求和教育改革的新时代。这一功能通过对高校组织者和教育者的教育过程进行评估来实现。评价体系对学校理念、领导观念、教师素质等提出新的要求，通过"自上而下"的方法进行办学理念创新、教育理念创新和教学手段创新。在创新创业教育评价中，教育功能要求高校根据工作规律、教书育人规律和学生成长规律，把握发展需求、优化内容供给、改进工作方法、创新工作载体、激活内生动力。

首先，教育功能体现在评价体系对高校的组织理念和领导观念的要求。评价体系应关注高校是否能够深入学习并领会国家在创新创业教育方面的相关政策文件和指导意见。高校领导者需要在教育评价的理念、宗旨和目标中深入组织、实施和分析，以提升其教育评价能力。通过评价体系，高校组织者可以更好地领会国家对创新创业教育的要求，从而引领学校朝着正确的方向蓬勃发展。

其次，评价体系的学习过程实际上也是对高校教育者的教育过程。高校教师需要深入学习国家在创新创业教育方面的相关政策和理念，传递创新意识，融入教育评价环节，引导学生积极参与创新创业实践。通过教育功能的实现，高校教育者能够更好地领悟国家对创新创业人才的培养目标，为学生提供更为有效的教学和指导。

（三）改进功能

高校创新创业教育评价的改进功能是评价体系的灵魂，其主要目的在于通过评价促进高校创新创业教育的不断发展。评价并非一种淘汰的手段，而是在评价体系中不断发展。通过"评建结合，以评促建"这一理念，教育评价体系的改进功能能够推动高校创新创业教育的不断完善和提升。

首先，改进功能体现在评价的结果可用于评定教育对象是否合格、优劣程度及水平高低等。通过科学的评价指标，高校能够对创新创业教育的效果进行全面而精准的评估，进而为学校提供有针对性的改进建议。这种改进功能不仅可以发现问题，还能够为学校提供切实可行的改进路径，使创新创业教育取得更好的效果。

其次，评价结果更重要的是通过评价发展。评价结果应当成为高校改进创新创业教育的有力支持。评价体系应注重对评价结果的解读和分析，通过发现问题的根本原因，提出切实可行的改进方案。改进功能通过指导高校在评价结果的基础上调整和完善创新创业教育的各个环节，推动创新创业教育的全面提升。改进功能要求高校不仅要关注评价结果本身，更要深入挖掘问题的深层次原因，以便提出更为有效的改进策略。例如，如果评价体系中发现学生在创新创业项目中的参与度不高，高校可以通过改进课程设计、增加实践环节等方式，激发学生的兴趣和参与积极性。

评价的改进功能还需要将评价结果与高校的发展规划有机结合，形成教育改进的长效机制。高校可以根据评价结果调整创新创业课程设置、完善导师制度、提高实践机会等，以确保创新创业教育能够紧密贴合社会需求和时代发展趋势。通过持续的改进，高校创新创业教育将能够更好地适应社会的发展变化，为培养创新型人才提供更为有力的支持。

二、创新创业教育评价在学生思想政治教育的功能体现

（一）激励学生并提高素质

高校创新创业教育旨在培养学生的创新精神和创业能力，以适应时代的发展需求。在这一背景下，教育评价发挥着激励学生并提高其素质的重要作用。为了培养学生的创造思维和创新意识，教育评价可以通过设立自评项目等方式，引导学生关注与创新创业相关的维度。赋予适当的权重激发学生的自主性和创造性，同时提高他们的成就动机，从而促使他们更积极地参与创新创业教育。

评价的过程中，学生对于获得认可和奖励有着强烈的心理需求。因此，评价体系应该以正面积极的方式反馈学生的表现，以激发他们的学习动力。学生之所以在评价中的积极参与，正是因为他们希望通过自己的努力获得认可，并在创新创业领域取得更好的成绩。这样的教育评价机制有助于激发学生的学习兴趣，提高其对创新创业的投入度。

（二）挖掘需求并及时引导

高校创新创业教育的内容应当贴近学生、顺应时代、关注社会需求。为了更好地满足学生的需求，教育评价在挖掘学生需求方面发挥着关键作用。通过评价体系中对学生创新创业课程需求度和满意度的收集，教育者可以更加全面地了解学生的期望和需求，从而有的放矢地设计不同年级、群体、阶段的课程。

学生的成长是一个不断发展与变化的过程，而其需求也会随着不同阶段的变化而产生变化。因此，通过教育评价及时了解学生在创新创业领域的需求，有助

于高校教师在思想政治工作中更加精准地进行引导。评价结果的反馈可以成为调整创新创业课程设置、改进导师制度、提高实践机会等方面的依据，以更好地满足学生的需求，促使他们更积极地参与创新创业实践。

（三）引领价值并培育践行

高校创新创业教育不仅仅要培养学生的专业技能，更要引领其树立正确的价值观。教育评价在引领学生思想素质的方向上发挥着引导功能。评价体系可以通过对学生在国家政策的了解与认同程度、对创业观念的认识程度、对待创业风险与失败的态度等方面的数据进行收集，帮助高校教育者更好地了解学生的思想观念。

在评价的过程中，可以通过测评与分析学生对创新创业的态度、对社会价值观的认同程度等方面的数据，摸排学生的思想状况。通过引导学生积极参与创新创业实践，培养他们的创业精神，教育评价成为塑造学生积极向上的人生观和价值观的重要手段。这有助于培养学生成为具备社会责任感和创新精神的复合型人才，为国家的科技创新和社会发展做出积极贡献。

三、创新创业教育评价的原则

（一）目标性

教育部在 2017 年将培养学生开拓创新的进取意识列为高校思想政治工作质量提升的主要内容，其强调培养学生自强不息、创新创业的进取精神。这表明创新创业教育是高等教育的中心任务之一。

1. 立足高校人才培养要求

创新创业教育的评价应始终立足高校人才培养的根本要求，着重强调培养学生创新精神和实践能力，以确保学生具备高级专门人才所需的综合素质。高等教育的根本任务是培养具有创新精神和实践能力的高级专门人才，以此为社会的科学技术文化进步做出贡献，同时推动社会主义现代化建设。因此，在评价高校创新创业教育的过程中，应该从人才培养的核心目标出发，确保教育活动对学生全面素质的培养起到积极的推动作用。

首先，创新创业教育的评价要关注学生创新精神的培养。创新是推动社会进步和经济发展的重要动力，而培养创新精神成为高校人才培养的迫切需求。评价体系应该考察创新课程的设置和实施效果，以及学生在创新项目中的参与度和表现力。对学生创新能力的客观评估，可以全面了解创新教育的实际成效，同时为高校提供改进教学方法和内容的参考意见。

其次，创新创业教育的评价应强调学生实践能力的培养。创新创业教育不仅要注重理论知识的传授，更要强调其实际应用能力的培养。评价体系应该考察创业实践课程的设计和执行，以及学生在实际创业活动中的实际操作和成果。实践能力的培养涉及学生在真实环境中解决问题的能力，因此，评价应注重对学生在创业实践中所获得经验和技能的量化评估。

最后，评价要确保学生具备高级专门人才的素质。高校创新创业教育的目标是培养既具备学科专业知识，又具备创新和实践能力的综合型人才。评价体系应综合考查学生的学科知识水平、创新能力、实际操作能力等多个方面。全面的素质评估可以更好地了解学生在高校期间所获得的各项能力，以此为其未来职业发展提供有力的支持。

在评价过程中，高校创新创业教育要注重对培养目标的实现程度进行量化分析，以建立科学、客观的评价标准。同时，评价过程中要充分考虑各学科特点和学生个体差异，以确保评价的全面性和公正性。通过立足高校人才培养的要求，创新创业教育的评价体系将更有针对性地促进学生全面素质的提升，进而为社会培养更具创新力和实践能力的高级专门人才。

2. 明确发展目标和定位

评价体系的建立需要明确创新创业教育的发展目标和定位，以全面评估高校创新创业教育的质量与效果，确保其与高校思想政治教育目标实现紧密相连。高校教育的使命在于培养具有创新精神和实践能力的高级专门人才，以推动科学技术文化的发展，为社会主义现代化建设提供强有力的支持。在这一背景下，创新创业教育被赋予了重要使命，其发展目标和定位直接关系到培养学生的综合素质和社会责任感。

首先，明确的发展目标是评价体系的基础。高校创新创业教育的目标应当明确为培养具有创新精神和实践能力的高级专门人才。这一目标要求学生不仅要具备扎实的学科知识，更需要培养解决实际问题的能力和创新思维。评价体系应关注学生在创新项目中的参与度、创业实践中的表现以及创新能力的提升情况，以全面反映创新创业教育是否真正达到了培养学生创新意识和实践能力的目标。

其次，定位高校创新创业教育在整个高等教育体系中的角色。创新创业教育既要满足学科专业的需求，又要具备跨学科、跨领域的特点，因此其定位应明确为一种既服务于专业素养，又注重实际应用的教育形式。评价体系应重点关注创新创业课程的设置、实施效果以及与其他学科的协同关系，确保创新创业教育在整个高校教育系统中发挥协同和补充的作用。

最后，评价体系需要紧密关联高校思想政治教育目标。高校创新创业教育不仅仅是传授专业知识和技能，更是培养学生的思想道德素质和社会责任感。评价体系应关注学生在创新创业活动中的团队协作能力、社会责任意识的培养情况，确保创新创业教育与高校思想政治教育目标紧密相连，共同促进学生全面成长。

通过明确创新创业教育的发展目标和定位，评价体系能够更加有针对性地审视高校创新创业教育的质量与效果。这不仅有助于高校更好地调整教育内容和方法，提高学生的创新创业能力，也有助于全面推进高校思想政治教育的深化与升级，为培养具有创新精神和实践能力的高级专门人才创造更为有利的教育环境。

3. 提高学生整体素质

评价体系应始终坚持提高学生整体素质的目标，将创新创业教育作为培养学生创新思维和实践能力的有效途径，从而为社会培养高素质人才做出积极贡献。高校教育的责任在于培养具备全面素质的学生，而创新创业教育作为其中的重要组成部分，对学生的综合素质提升具有显著的影响。

首先，评价体系应强调学生的创新思维培养。创新思维是未来社会所需的核心竞争力之一，而创新创业教育是培养学生创新思维的有效途径。评价体系应关注学生在创新项目中的独立思考能力、问题解决能力以及创新意识的培养情况。通过对这些方面的评估，可以客观地反映学生是否具备了独立思考和创新解决问题的能力，从而为提高学生创新思维水平提供有力的支持。

其次，评价体系应注重学生实践能力的提升。创新创业教育不仅仅是理论知识的传授，更注重培养学生在工作中解决实际问题的能力。评价体系应关注学生在创业实践中的团队协作、组织管理以及实际操作的能力。通过对这些方面的评估，可以全面了解学生是否具备能够在实际工作中胜任各类任务的能力，从而为其未来职业发展提供坚实的基础。

最后，评价体系要关注学生的综合素质提升。高校创新创业教育的目标是培养既具备学科专业知识，又具备创新和实践能力的综合型人才。评价体系应该综合考查学生的学科知识水平、创新能力、实际操作能力等多个方面。通过全面的素质评估，可以更好地了解学生在高校期间所获得的各项能力，为其未来的职业发展提供有力的支持。

通过坚持提高学生整体素质的目标，促使创新创业教育的评价体系能够更加有针对性地促进学生的全面发展。这不仅有助于高校更好地调整教育内容和方法，提高学生的创新创业能力，也有助于为社会培养更具全面素质的高级专门人才，进而推动社会的科学技术和文化进步。

（二）科学性

1. 多维度分析

全面、客观的分析要求从多个视角出发，其包括对数量与质量、过程与成果、长期与短期、主观与客观等多个维度进行深入探讨。评价体系的科学性在于如何在这些多维度的视角中建立一个权威客观的分析框架，以更全面、准确地评估高校创新创业教育的质量与效果。

首先，数量与质量的视角是评价体系中的一个关键维度。数量方面的评估可以通过对创新创业课程的开设数量、学生参与创新创业活动的人数等进行统计分析，从而客观了解创新创业教育的覆盖范围。而质量方面的评估则需要关注创新创业项目的实际成果、学生创新能力的提升情况等，之后通过定性和定量相结合的方法全面考察创新创业教育的实质质量。

其次，过程与成果的视角能够更好地揭示创新创业教育的实际效果。过程性评价关注教育的推进过程中学生的学习动态和教师的教学策略，通过实时动态把握教育进程，及时发现问题并调整。而总结性评价则通过对已完成的教育工作进行总结，对创新创业教育的整体成效进行统计分析，从而为未来的教育决策提供有力的支持。

再次，长期与短期的视角能够更好地反映创新创业教育的可持续性。长期性评价需要考察学生在创新创业教育中的成长过程，关注其在学校和未来职业生涯中的持续发展。而短期性评价则关注创新创业教育的即时效果，确保学生在短时间内能够获得实际的收益和经验。

最后，主观与客观的视角是评价体系中的另一关键维度。主观评价关注学生和教师的主观感受，如学生对创新创业课程的满意度、教师的主观评价等。而客观评价则关注实施者的实践与成果，如对创新创业课程的实际效果进行统计和分析。将主观评价与客观评价相结合，可以更全面、准确地了解创新创业教育的实际情况。

在建立评价体系时，需要兼顾这些多维度的视角，确保评价内容既能反映创新创业教育的广度和深度，又能全面客观地评估其实质质量和效果。科学而完备的评价体系可以更好地为高校教育提供合理的指导和决策支持，推动创新创业教育在高等教育中的全面发展。

2. 体系独立互相联系

评价体系的设计要求上下级之间相互独立又紧密联系，确保评价的层次清晰，虽相互包含但不重叠交错，以提高评价的信度与效度。这种设计追求评价体系内各个层次或维度之间既有独立性，又能在整体上形成有机的联系，以全面深入地评估高校创新创业教育的质量与效果。

在评价体系的设计中，上下级的独立性体现在各个评价层次或维度有着独立的评价标准和指标体系，不受其他层次的制约。每个评价层次都应该有明确的评价对象和评价指标，以确保每个维度都能得到充分而独立的考察。这有助于评价体系内各个维度有针对性地捕捉到创新创业教育的方方面面，为评价体系提供更为全面和准确的数据。

同时，评价体系上下级之间需要通过相互联系的机制，确保信息的畅通和层次之间的协调。这种联系不仅仅是信息传递的问题，更需要确保上层评价的结果能够为下层提供指导和支持。例如，高层次对整体创新创业教育的综合评价结果能够为具体课程设计提供指导意见，从而形成教育体系内各个环节的良性互动和发展。

评价体系的相互包含但不重叠交错是为了防止信息的冗余和重复，以及确保评价的全面性。各个评价层次或维度之间应当有所关联，形成有机的整体，而不是简单地叠加。然而，这需要精心设计评价指标，避免出现冗余的评价内容，确保每个层次都对创新创业教育的不同侧面有所涵盖，避免信息的遗漏。

最终，评价体系的全面性要求各个评价层次或维度能够覆盖高校创新创业教育的方方面面，确保没有关键信息被遗漏。而这需要评价体系设计者深入了解创新创业教育的全貌，充分考虑高校的实际情况，确保评价体系的全面性与深度性，为高校提供科学、客观、全面的评价支持。

确保评价体系的上下级彼此独立又互相联系，可以更好地实现对高校创新创业教育的全面而深入地评价，进而为高校提供有力的指导和决策支持。

3. 指标权重分配

在创新创业教育的评价体系设计中，关键的考虑之一是确定各个指标的权重分配，而这直接影响到评价体系的科学性与准确性。设计者与施测者在这一过程中需要深入思考各维度权重的分配是否合理，同时确保评价的方法手段切实可行，以保证评价体系的科学性和客观性。

首先，对于各个指标的权重分配，设计者需要考虑其在整体评价中的相对重要性。这要基于对创新创业教育目标的深刻理解，以及对于高校培养人才的需求。例如，创业实践的成果可能对于评价高校的创新创业教育更为关键，因此在权重分配时可能需要更大的比重。这涉及对各个指标之间关联性和重要性的深入分析，以确保整体权重分配能够真实反映出创新创业教育的核心价值。

其次，一方面，考虑到评价的方法手段，设计者与施测者需要确保采用的方法切实可行且科学有效。这包括指标的数据收集方法、评价标准的建立，以及评价结果的分析等方面。例如，对于创新能力的评估，可能需要采用多元化的评价方法，包括案例分析、项目报告、口头答辩等，以更全面地考察学生的实际能力。同时，要保证评价方法的客观性，避免主观性评价的干扰，而这可能需要引入多个评价者，进行综合评估。

另一方面，考虑到评价的可行性，设计者与施测者需要确保所采用的方法在实际操作中是切实可行的。这包括数据的收集难易程度、评价过程的复杂性，以及所需资源的投入等方面。要确保评价方法既能够全面准确地反映创新创业教育的状况，又不至于造成不必要的负担和成本，以便推广到更广泛的高校。

在权重分配的过程中，设计者与施测者需要形成一个具有广泛共识的决策过程，则这可能需要通过专家咨询、学术研究等手段来确保权重分配的科学性。这要求评价体系的建立是一个透明的过程，能够被广泛理解和接受。

各个指标权重的分配是创新创业教育评价体系设计中的一个至关重要的环节，设计者与施测者需要深入思考并充分沟通，以确保评价体系科学、客观、可行，为高校提供有力的指导和改进方向。

（三）可测性

1. 定性与定量结合

在创新创业教育的评价中，定性与定量的结合是一种有效的评价方法，其能够在保留定性特征的同时，通过定量化的方式为评价体系结果提供更为具体和客观的信息。这种结合的方法不仅可以使评价体系更加全面，还能够为决策者提供更有说服力的依据，促使总结出定性分析结论及可行性对策。

首先，定性分析在评价中扮演着描绘整体状况的角色。通过对创新创业教育过程中的案例、学生参与度、教师培训等进行定性分析，可以全面了解创新创业教育的质量和效果。而定性分析提供了对于教育活动的深度理解，使评价者能够捕捉到一些定量数据所无法展示的实质性信息，从而更好地把握整体状况。

其次，将定性结果进行定量化的加权处理，能够使评价结果更具可比性和量化性。通过对定性分析结果进行排序，并为不同因素赋予不同权重，将结果以分值的形式呈现，可以更为清晰地展现各个方面的重要性和对整体评价的贡献程度。这种加权的定量相处理不仅有助于结果的直观理解，也方便不同指标之间的比较，使评价结果更具有科学性。

在定性与定量相结合的过程中，评价者需要确保所选取的定性分析方法具有科学性和合理性。定性分析的过程中应当注重对于信息的充分挖掘，避免主观偏见的介入。定性分析的结果要能够形成相对客观的定性结论，为后续的定量处理提供可靠的依据。

最后，通过对定性分析结果的定量加权，评价者能够更为直观地呈现创新创业教育的综合状况。这种结合不仅提高了评价的科学性，也使评价结果更为具体和有力。在制定可行性对策时，可以根据不同因素的得分情况，而有针对性地提出改进建议，以更好地推动创新创业教育的发展。

定性与定量的结合为创新创业教育的评价提供了一种全面而科学的方法。通过深入分析，权衡不同因素的重要性，评价者能够更好地理解高校教育的实际状况，为改进问题的方向提供有力支持。这种方法不仅使评价更加全面，也使评价结果更具说服力，同时为提升创新创业教育质量提供了有益的工具和明确的方向。

2. 指标模糊与确定

在进行创新创业教育的评价中，常常面临指标的模糊性与确定性的问题。模糊性指的是某些评价指标的定义不够清晰，难以准确测量和衡量，而确定性则表示某些指标具有明确的定义和可操作性。然而，无论在评价过程中存在何种程度的模糊性或确定性，都需要在设计评价体系时给予这些指标明确的权重与赋分，以确保评价的客观性与科学性。

首先，评价中的模糊性往往源于指标定义的不确定性。以"教育经费情况"

为例，这一指标可能包括多个方面，如学校总经费、专门用于创新创业教育的资金比例等。在评价中，要避免仅仅对整体经费进行模糊地评估，而是需要对具体的资金分配情况进行细致的调查与分析，以得出更为具体和可操作的数据。这一过程需要明确"教育经费情况"的具体内涵，并对其相关的子指标进行量化，以确保评价的可测性。

其次，对于确定性的指标，同样需要谨慎权衡其重要性并给予适当的权重。例如，学生创新能力的具体表现可能包括项目成果、参与创新竞赛的次数等明确的数据。在赋分时，需要综合考虑这些具体表现的重要性，并确保给予相应的权重，以反映其对整体评价所做的贡献。

在整个评价过程中，需要明确模糊指标的内涵，并通过量化的方式具体呈现，从而提高评价的科学性。同时，对于确定性指标，要确保其与创新创业教育的实际目标和效果相符，而这不仅关注具体的数值，还要考虑其背后的教育理念和实际影响。这样的权衡过程需要在评价体系的设计中进行，以通过专业的咨询和综合考量，确保权重与赋分的明确性。

对于评价中的指标模糊性与确定性，关键在于明确其具体内涵，并通过合理的权重分配和赋分方式，确保评价过程既能充分考虑模糊性指标的细致特征，又能够准确反映确定性指标的具体表现，以达到全面、科学、可操作的评价效果。这种方法既能够解决指标存在的模糊性问题，又能够确保评价的结果具有实际的可信度和可行性。

3. 绝对与相对评价

在进行创新创业教育的评价时，常涉及绝对评价和相对评价两种方法。绝对评价是将非被评价对象作为评价的标准，直接对被评价对象进行单独的衡量和判断。而相对评价则是选取一个被评价对象为基准，通过与其他对象的比较或排序，进行相对的评判。在设计评价体系时，需要对这两种评价方法进行清晰的权衡，以确保评价体系具有可测性和科学性。

首先，绝对评价强调的是被评价对象在单独存在时的表现，其优势在于能够直接衡量评价对象的具体绩效和实际成果。例如，评价学生的创新能力时，可以通过考察其项目成果、创业计划的实际执行情况等来进行直接评估。这种方法的优点在于明确，具有直观性，能够直接看出被评价对象在某个维度上的具体情况。

其次，相对评价注重的是不同对象之间的相对排名或比较。在创新创业教育中，可以选取一所学校或一个团队为基准，然后通过比较其他学校或团队的表现，进行相对评价。这种方法的优势在于能够更好地凸显被评价对象在整个群体中的相对水平，为评价者提供更多的对比信息。

然而，在权衡这两种方法时，需要注意评价体系的设计应符合创新创业教育的实际情况和目标。过于强调绝对评价可能忽略了群体的整体水平，而过于依赖相对评价可能导致对于具体绩效的忽视。因此，评价体系需要综合考虑这两种方法，使两者相辅相成。

在确保可测性方面，需要明确评价指标的具体定义和测量方法，无论是绝对评价还是相对评价，都需要建立明确的标准和量化的指标。这样一来，评价者能够根据实际数据进行准确的量化分析，以保证评价的客观性和科学性。

对于创新创业教育的评价，绝对评价和相对评价是两种重要的方法，其权衡需要基于实际需求和评价目的。在评价体系设计中，应该注重细化指标，建立明确的标准，以确保评价的可测性和科学性。这样的评价方法既能够直观地了解被评价对象的实际水平，又能够通过相对比较提供更多的对比信息，从而为创新创业教育的改进和提升提供有力的支持。

（四）促进性

1. 促进作用

评价指标体系应对创新创业教育环节起到促进作用，鼓励学生学习动机、教师素质、环境资源配备、实践活动设计等方面的发展。

2. 设定发展值与底线值

评价指标体系应设定具有促进性的指标，如年度学生参与度提高比例等"发展值"和教师培训次数不低于某一比例等"底线值"，以形成持续良性的促进机制。

3. 适应时代要求与学生需求

评价指标体系要确保评价内容顺应时代要求与学生需求，随着实践的发展和理论的积累，及时调整评价内容、细化评价对象、整合评价维度，实现对高校创新创业教育的调控与促进。

四、高校创新创业教育评价体系的分类

现有高校创新创业教育评价体系的分类有多种方式，有的是在呈现形式上进行定性或定量评价，有的是在时段上进行过程性或结论性评价，另有在不同群体

进行主观评价与客观评价。无论以何种方式进行评价，均对科学开展高校创新创业教育评价有方法论层面的指导意义。

（一）定性评价与定量评价

1.定性评价

（1）评价材料形式与结论评定

定性评价主要通过文字描述、分析和归纳对创新创业教育进行质的分析。这包括对学生创新思维、团队协作能力和创业意识等方面的深入解读。例如，通过学生参与创新项目的案例分析，评价他们在实际团队工作中的沟通能力和创意表达。

（2）定性分析与定量分析的有机统一

在高校创新创业教育评价中，定性分析是定量分析的前提，能深度挖掘学生创新潜力、团队协作品质等方面的特征。定性分析为评价提供了深层次的理解，而定量分析则通过数值化数据对定性结论进行支撑，以提高评价的客观性和准确性。

2.定量评价

（1）评价材料形式与结论评定

定量评价主要通过数字、数据等量化方式呈现创新创业教育的成效。这包括统计学生创业项目成功率、创新课程的参与人数、创业竞赛的获奖情况等。通过这些数据，可以直观地了解创新创业教育的实际效果。

（2）定性分析与定量分析的有机统一

在评价中，定量分析是定性分析的支撑，为评价提供客观的、可比较的数据基础。通过量化指标，可以更清晰地识别教育过程中的强弱项，以此为改进和提升提供有力的依据。

（二）过程性评价与总结性评价

1.过程性评价

首先，过程性评价在高校创新创业教育中扮演着关键的角色。通过深入关注创新创业教育的推进过程，我们能够更全面地了解教学活动的具体情况、学生参与的程度以及课程的实施效果。这种评价形式为教育者提供了及时反馈，使其能够在教学过程中对学生的需求和学科发展的变化做出灵活的调整。

过程性评价的灵活性体现在其能够随时在教育过程中进行。与传统的总结性评价相比，过程性评价更强调对教学过程的持续监测和及时调整。这种实时性的反馈有助于迅速识别潜在问题，及时采取措施，以确保创新创业教育的顺利进行。因此，过程性评价不仅是一种评价工具，更是一种教学过程中的重要管理手段。

其次，过程性评价的核心在于对教育进程的实时动态把握。这包括对教学内容、教学方法、学生参与度等方面的及时监测和反馈。通过收集关于创新创业课程中学生的参与情况、互动频率以及对课程内容的理解程度等数据，教育者能够更准确地了解教学的实际效果。

在创新创业教育的推进过程中，学生的需求可能会发生变化。过程性评价的灵活性允许教育者根据实际情况对教学策略和方向进行调整。通过观察学生的反馈和表现，教育者能够更好地理解学生的需求，从而优化教学设计，提高学生的学习体验。这种个性化调整有助于创新创业教育更好地满足学生的学习需求，促进其全面发展。

再次，过程性评价强调与学生的互动和反馈。通过定期的讨论、问卷调查、小组讨论等方式，教育者能够收集到关于创新创业教育过程中学生的看法、建议和反馈信息。这些信息不仅有助于发现教学中的问题，还能够促进学生参与教学管理的主动性，培养其创新思维和团队协作能力。

过程性评价的专业性在于其关注教育的具体细节和实际效果。通过收集详细的数据，如学生的参与度、作业完成情况、项目成果等，教育者可以更深入地分析创新创业教育的实际运行情况。这种翔实的数据支持不仅有助于评价教学质量，还为后续的改进和优化提供了科学的依据。

最后，过程性评价在高校创新创业教育中具有明显的学术价值。通过收集大量的实时数据，研究者可以对创新创业教育的实施过程进行深入研究。这不仅有助于发现教学过程中的规律和特点，还能够为创新创业教育的理论体系和实践方法提供丰富的实证支持。

过程性评价的学术价值还在于其能够推动创新创业教育领域的研究与实践不断发展。通过对教学过程的细致观察和分析，研究者可以提出更加切实可行的教学方法和策略，为高校创新创业教育的不断改进和创新提供有益的参考。因此，过程性评价不仅仅是一种教育管理工具，更是推动学科发展的重要学术手段。

总的来说，过程性评价在高校创新创业教育中的应用不仅具有实践价值，更是对该领域进行深入研究的重要途径。通过灵活地实时监测和反馈，过程性评价为创新创业教育的改进和优化提供了有力的支持。其关注学生需求变化、强调互动与反馈的特点使其在培养学生创新能力和实践能力方面具有独特的优势。在未来的创新创业教育研究中，过程性评价将继续发挥重要作用，推动该领域的不断进步。

2. 总结性评价

总结性评价在高校创新创业教育中扮演着至关重要的角色。这种评价形式的本质是对已完成的教育工作进行全面、深入的审视，通过对创新创业教育活动和成效的事后总结性评价，为教育决策提供基础数据和深刻洞察。总结性评价的主要特点在于其对整体情况的把握，旨在为教育管理者和决策者提供全面的信息，以便更好地理解和指导创新创业教育的发展方向。

在创新创业教育领域，总结性评价主要通过对多所学校、某一时段内创新创业教育活动的整体效果进行统计分析。这包括但不限于学生的创新项目成功率、参与创新课程的人数、创业竞赛获奖情况等多方面的数据。通过这种方式，教育决策者能够在全局范围内了解创新创业教育的实际状况，从而为未来的发展提供科学的依据。

总结性评价的学术价值在于其能够提供创新创业教育整体发展的实证数据，为学术界提供了宝贵的研究素材。通过分析不同学校、不同时段的总结性评价数据，研究者可以发现创新创业教育的共性和差异，为理论研究和政策制定提供丰富的实证支持。这种基于实际数据的研究方法有助于推动创新创业教育领域的深入发展。

总结性评价的深入分析还能为高校提供具体的改进建议。通过对整体情况的把握，教育管理者可以更加清晰地识别创新创业教育中存在的问题和"瓶颈"。这使高校能够有针对性地进行调整和优化，以提升创新创业教育的质量和效果。总结性评价因此成为高校内部自我管理的一种重要手段，为教育改革提供了迫切需要的参考依据。

总结性评价还可以作为高校之间创新创业教育经验的分享和借鉴平台。通过比较不同学校在创新创业教育方面的总结性评价结果，可以发现成功的经验和值得改进的方面。这种横向对比能够促进高校之间的经验交流，以此推动整个创新创业教育领域的共同进步。

综合而言，总结性评价在高校创新创业教育中扮演着不可替代的角色。其对整体情况的综合把握、提供全面数据的特性使其成为高校内部决策和外部研究的重要依据。通过总结性评价，创新创业教育能够更好地适应时代变革和社会需求，并且为培养创新人才和推动社会发展发挥积极的作用。

（三）主观评价与客观评价

1. 主观评价

主观评价在高校创新创业教育中具有独特的价值。这种评价形式关注受教育者的观念感受，通过测量学生对创新创业课程的满意度、教师的主观评价等方式，深入了解教育参与者的个体体验和感受。然而，主观评价的特性也带来了一些挑战，主要表现为其容易受到主观感受的主观性和偏见的影响，因此需要在应用过程中谨慎使用。

学生对创新创业课程的满意度是主观评价的重要组成部分之一。通过调查问卷、深度访谈等方式，收集学生对课程内容、教学方法、实践活动等方面的主观感受。这种信息有助于了解学生在创新创业教育过程中的态度、兴趣和需求，为进一步的教学改进提供了有益的参考。然而，需要注意的是学生满意度受到个体差异的影响，不同学生对同一门课程可能有不同的评价标准，因此在分析时需综合考虑多方面因素影响。

教师的主观评价也是主观评价的重要组成部分。通过教师自身对教学过程的主观认知和评价，可以获取关于课程设计、教学方法、学生表现等方面的重要信息。教师的主观评价在一定程度上反映了教学质量和效果，但也存在教师主观性较强的问题。因此，在使用教师的主观评价时，需要结合客观数据进行分析，以确保评价的全面性和客观性。

尽管主观评价存在一定的主观性和偏见，但其关注受教育者的个体体验使其在高校创新创业教育中具有重要价值。了解学生和教师的主观感受可以更好地把握创新创业教育的实际效果，做到发现问题并及时进行调整。此外，主观评价还有助于建立教育者与学生之间的沟通桥梁，促进教育过程中的良好互动。

在使用主观评价时，应采取多种手段，结合客观数据，以提高评价的客观性和可信度。例如，可以通过定性研究方法深入挖掘学生和教师的主观感受背后的原因和动机，同时结合定量数据对主观评价进行量化分析。这样的综合方法有助于更全面、准确地理解创新创业教育的实际情况。

主观评价在高校创新创业教育评价中具有不可替代的地位。通过关注受教育者的主观感受，可以更深入地了解教育过程中的学生个体体验和需求，为提升创新创业教育的质量提供有益的参考。然而，在应用主观评价时需要注意其主观性和相对性，可以结合客观数据进行综合分析，以确保评价的科学性和准确性。

2. 客观评价

客观评价在高校创新创业教育中占据着重要的地位，其关注点主要集中在实施者的实践与成果上，通过对创新创业教育课程的实际效果进行统计和分析，为评估教育活动提供了更为客观、可比较的结果。这种评价形式通过量化的数据，旨在提供对创新创业教育的科学、客观的认知，有力地弥补了主观评价的一些局限性。

一方面，客观评价的一个主要体现是通过对创新创业课程的实际效果进行统计。这包括但不限于学生参与创新项目的数量、创业课程的开设情况、创业竞赛获奖情况等多方面的数据。这样的客观数据能够为决策者提供清晰的指标，帮助他们了解创新创业教育在实践中的具体表现，从而更好地制定其未来的发展策略。

另一方面，客观评价还关注创新创业教育的实施者在教学实践中的具体表现。这包括教师的教学水平、课程设计的质量、学生参与创新活动的积极性等方面。定量化的指标可以客观地评估教师在创新创业教育中的贡献度，为提高教学质量提供有力的支持。

客观评价不仅关注单一课程或项目，还通过综合性的数据分析，以及对整个创新创业教育体系进行评估。这种全局性的客观评价有助于发现系统性问题，为改进和优化整个创新创业教育体系提供科学依据。同时，客观评价还可以为学术研究提供大量的实证数据，推动创新创业教育领域的深入发展。

客观评价的一大优势在于其强调量化数据，减轻了主观评价可能存在的局限性。客观评价可以更为客观、可靠地比较不同时间段、不同学校或不同实施者在创新创业教育方面的表现。这有助于建立更为全面和客观的评价体系，提高评价的科学性和准确性。

总体而言，客观评价在高校创新创业教育中发挥着不可替代的作用。其注重实际效果和实践者的具体表现，通过量化的数据为评价体系提供了更为客观、具体的标准。通过客观评价，高校可以更好地了解创新创业教育的真实状况，有针对性地进行改进和优化，为培养创新人才提供更为科学和有效的支持。

第二节　大学生创新创业教育评价指标体系设计

一、制订培养计划

（一）创新创业人才培养目标设定

在制订培养计划阶段，首要任务是确立创新创业人才培养的明确目标。评价指标应综合考虑培养目标的设定是否符合高校的办学理念和社会需求，以及是否切实可行。观测点包括培养目标的合理性、前瞻性和可操作性。

（二）毕业生创新创业知识、能力和素质

评估创新创业培养计划对毕业生知识、能力和素质的具体要求。观测点包括培养计划对毕业生的期望，是否突出创新思维、实践能力和团队协作等方面的培养。

（三）创新创业课程设置

分析创新创业课程的设计，其包括课程的科学性、前瞻性、实用性等。观测点包括关注课程的结构、内容是否紧密贴合培养目标，以及是否符合学科发展趋势。

（四）课程设置对知识、能力和素质要求支撑程度

评估创新创业课程对学生知识、能力和素质要求的支撑程度。观测点包括课程设置是否全面涵盖培养目标所要求的各个方面，以及是否有利于学生全面发展。

（五）专业人才培养模式改革创新的具体措施与实施标准

对专业人才培养模式进行具体措施的评价。观测点包括改革措施的科学性、可行性，是否建立了保障创新创业措施实施的机制。

（六）根据学生参与各类省级、国家级创新创业竞赛、自主创业情况评估人才培养方案改革情况

根据学生的实际参与情况，评估人才培养方案的改革成效。观测点包括学生参与各类竞赛的数量、获奖情况，以及自主创业的情况。

二、创新创业培养计划实施

在培养计划实施阶段，对创新创业培养计划的全面性和合理性进行评价至关重要，以确保培养计划的有效实施。以下是对该阶段的综合评价：

（一）学院是否实施人才培养过程监控

创新创业培养计划实施阶段需要观测学院是否建立了人才培养过程的实时监控机制。这一机制的设计应该关注监控的频率、监控的内容是否涵盖全面。通过定期的监控，学院可以及时了解到学生在创新创业培养计划中的学习和实践情况，以及教学环节的有效性。监控结果可以为学院提供及时的反馈，帮助其做出有针对性的调整和优化。

（二）是否有保障创新创业人才培养计划实施的制度性文件

评价学院是否制定了相应的管理体系和制度性文件，以确保创新创业人才培养计划的有效实施。这些文件应明确培养计划的目标、内容、组织架构、责任分工等关键信息，为培养计划提供明确的制度依据。保障性文件的存在有助于规范培养计划的实施，提高其执行力和可持续性。

（三）具体实施环节是否有相关部门进行监控和指导及完整的全过程材料

考察实施环节中是否有专门的部门进行监控和指导。这一部门可以是学院内设的教务处、质量办公室等，负责对整个培养计划实施过程进行专业监督。同时，关注全过程的材料是否完整，是否反映了实施的全貌。这包括教学材料、学生学习档案、实践活动记录等，全面材料的完备有助于培养计划实施的全过程进行深入分析和评估。

通过对创新创业培养计划实施阶段的全面评价，学校可以更好地把握培养计划的效果，及时发现问题并采取措施进行调整，以确保培养计划的顺利实施和取得更好的培养效果。

三、创新创业课程教学模块

创新创业课程的教学模块是创新创业教育体系中的关键组成部分，为了全面评价其效果，需从以下几个方面进行考察：

（一）教师数量与学生比例是否合理

创新创业课程的教学模块需要评估教师的数量是否足够支持创新创业课程的

教学。教师在创新创业课程中扮演的角色至关重要，他们不仅需要传授相关知识，还需指导学生进行实践活动。因此，教师数量的充足性直接关系到课程的实施效果。同时，学生与教师的比例也是一个重要的考量因素，过高的比例可能导致教学质量下降，而适当的比例则有利于更好地关注学生个体需求。

（二）指导学生创新创业竞赛情况

观察教师是否积极参与指导学生参与各类创新创业竞赛。创业竞赛是学生实践能力培养的重要环节，教师的积极参与可以为其提供专业指导和支持，帮助学生更好地应对挑战，同时是评价教师对学生实践能力培养贡献的一项关键指标。

（三）是否有企业家授课

评估创新创业课程中是否有来自企业界的专业人士参与授课。企业家的实际经验和行业洞察力有助于为学生提供更为实用和前沿的知识，增强课程的实际应用性。这种实际经验的分享有助于学生更好地理解创新创业领域的实际情况，培养学生解决实际问题的能力。

（四）是否有鼓励学生创新创业的政策和条件

了解学校是否制定了相关政策，以鼓励学生积极参与创新创业活动。这包括提供奖学金、创业资金等激励措施，以促使学生更加积极地投身于创新创业实践活动中。政策的存在可以为学生提供更多的资源和支持，以激发他们的创业热情。

通过对创新创业课程模块教学的全面评估，学校可以更好地了解课程的教学情况，为未来的创新创业教育提供科学依据，确保每位学生在实践中能够全面发展创新创业的相关能力。

四、创新创业课程考核环节

创新创业教育的核心在于其课程设置及相应的考核环节，为了全面评价创新创业课程的效果，需要关注以下几个关键方面：

（一）嵌入相关课程的考核

评估创新创业课程的考核方式是否有机地嵌入相关课程中，以判断考核的综合性。这意味着考核不应该被孤立地看待，而应该与其他相关课程相互衔接，形成有机的整体。这种嵌入型的考核方式有助于学生更好地综合应用所学知识，提高解决实际问题能力。同时，通过对考核的综合性评估，可以更全面地了解学生在创新创业方面的能力与水平。

（二）创新性举措的存在

观察创新创业课程的考核方式是否具备创新性。创业领域本身就要求创新思维，因此，课程的考核方式也应具备一定的创新性，以激发学生的创新思维和创业潜力。创新性的举措可以包括项目实践、实地考察、创业模拟等，通过这些方式，学生可以更深入地理解创新创业的实质，培养其创业所需的能力。

（三）学生创业情况、参与创新创业竞赛情况及获奖情况

通过学生的创业情况、参与创新创业竞赛情况及获奖情况，来评价创新创业课程对学生成果的影响。这种评价方式直接反映了创新创业课程的实际效果，因为创新创业的最终目标是培养具备创业能力的人才。而学生的创业情况可以从创业计划、创业项目实施情况等方面考察，同时，学生是否积极参与创新创业竞赛及获奖情况也是衡量课程实施效果的有力指标。

通过对创新创业课程考核环节的全面评价，教育者可以更好地了解课程的实际效果，为进一步优化创新创业培养计划提供科学依据，确保每位学生在创新创业领域具备解决实际问题的能力。

五、创新创业实践环节

创新创业教育的实践环节是培养学生创新思维和实践能力的关键组成部分。为了全面评估这一环节的有效性，需要关注以下几个方面：

（一）大数据管理平台的运用

评估实践环节是否充分利用大数据管理平台，以判断实践活动的数据是否能够被高效地收集、分析和应用。大数据管理平台的使用可以帮助学院更好地了解学生在实践中的表现，以此为他们提供个性化的指导和反馈，并为后续的改进提供科学依据。此外，通过对学生实践过程的数据管理，还能够形成全面的学生档案，有助于对学生个体成长轨迹的分析。

（二）校内实训与校外实习的过程管理

观察学生在校内实训和校外实习中的过程管理是否合理。这包括任务分配、实习指导和成果评估等方面。合理的过程管理能够确保每位学生在实践中能够充分发挥自己的优势，合理分工协作，达到实践的预期目标。此外，实践过程中的指导与评估也是提高学生实际能力的关键，但需要关注指导与评估机制是否科学、公正，是否能够有效提高学生的实际技能水平。

（三）专业技能训练计划及创新拓展活动计划的制订与实施

评价学院对专业技能训练和创新拓展活动的计划制订及实施情况。这涉及计划的科学性和贴合实际。专业技能训练计划应该明确学生需要掌握的实际技能，并通过系统性的培训使学生能够在实践中应用这些技能。创新拓展活动计划则应该有助于激发学生的创新潜能，培养其对新兴领域的认知和适应能力。关注计划的实施过程，确保各项计划得以有效推进，并通过学生的实际表现来评估计划的成效。

通过对创新创业实践环节的全面评价，学院可以更好地了解学生在实践中的表现和成长，发现存在的问题并及时调整培养计划，以期更好地培养具备创新能力和实践能力的高级专门人才。

六、多方评价

创新创业教育的多方评价是一项综合性工作，其涵盖学院、教师、专家、学生以及企业等多个参与方的观点和反馈。这种综合性的评价体系能够全面了解创新创业教育的实际效果，从而为不断提升培养计划的质量和效果提供有力的支持。

（一）学院评价

学院作为创新创业培养计划的主体，其评价反映了整体组织和管理水平。学院的评价内容可能包括创新创业教育的战略规划、组织架构、师资力量、资源配置等方面。这种评价有助于发现和解决管理层面的问题，确保培养计划的顺利推进。

（二）教师评价

教师是创新创业教育的执行者，因此他们对培养计划的评价直接关系到教学质量。这方面的评价可能包括教师的教学方法、创新创业课程的设计与实施、学生导向的指导等。教师的反馈有助于优化教学流程，提高学生的学习体验和实际能力。

（三）专家评价

专家评价是从更专业的角度来审视创新创业培养计划。专家可能包括来自创业领域、教育评估领域的专业人士。他们的意见可以为培养计划提供专业性建议，确保其具备创新性、前瞻性和适应性。

（四）学生评价

学生是创新创业教育的直接受益者，因此他们的评价至关重要。学生的评价内容可能包括对创新创业课程的满意度、实践活动的参与感受，以及对培养计划整体的认知。学生的反馈有助于发现教师教学中的问题，提升课程吸引力，激发学生的创新潜能。

（五）企业评价

与企业的合作是创新创业教育的重要组成部分。企业对学生的实际表现和培养计划的实际效果有独特的观察和认知。企业的评价可能涉及学生的实习表现、创业项目的实际应用情况，以及企业对毕业生的雇佣情况。企业的反馈有助于调整培养计划，使其更符合实际用人需求。

（六）一致性与差异性的关注

在收集多方评价时，需要特别关注各方评价之间的一致性和差异性。一致性能够强化培养计划的稳健性和可靠性，而差异性则可能揭示潜在的问题和改进的空间。综合各方反馈，形成一个有机地反馈循环，从而不断完善创新创业培养计划。

通过多方评价，高校能够更全面、更深入地了解创新创业教育的实际情况，为提升教育质量、培养出更具创新创业能力的人才提供科学的依据。这种评价方式不仅有助于高校内部的管理与改进，也有助于与外部社会需求更好地对接，推动高校创新创业教育不断发展与创新。

第三节　教育评价体系的实践应用与效果分析

一、教育评价体系的实践应用

教育评价体系的实践应用是教育质量保障和改进的关键环节。在实际应用中，该体系可以通过以下几个方面发挥作用：

（一）全面性数据支持

1. 学生学业成绩的全面评估

（1）考试分数的多元化

评价体系通过考试分数进行评估时，不仅关注学生在传统考试中的表现，还会考虑其他形式的考核，如开卷考试、实验报告、小组讨论等。这样的多元化评估方式可以更全面地反映学生的知识掌握和应用能力。

（2）项目作业的实用性评估

项目作业在评价体系中占有重要地位，重点关注作业的实际性和创新性。通过对项目作业的实用性评估，可以更好地了解学生在解决实际问题中的能力，并促进其实践性技能的培养。

（3）实践表现的个体化分析

评价体系会对学生的实践表现进行个体化的分析，考察其在实际操作中的独立性和创造性。通过详细的实践表现分析，可以为学生提供有针对性的指导和支持，促进其全面发展。

2.教学质量评估的多维度考量

（1）教学方法的创新性评估

评价体系对教学方法进行创新性评估，关注是否采用了先进的教学技术和教学手段。通过引入新颖的教学方法，可以激发学生的学习兴趣，提高教学效果。

（2）教师反馈的及时性和个性化

教学质量评估不仅关注学生对课程的整体反馈，还注重教师对学生个体的反馈。这种个性化的反馈有助于更好地了解每位学生的学习需求，为教学实施提供精准的改进建议。

（3）课程设计的综合性分析

评价体系通过综合分析课程设计，考察课程是否贴近实际、符合学科发展趋势，并能够培养学生的创新思维。这种全面的课程设计分析有助于提高教学的前瞻性和实用性。

3.创新创业实践成果的详细分析

（1）创业项目的商业化潜力评估

对于参与创业项目的学生，评价体系将注重对项目商业化潜力的评估。这包括市场前景、竞争分析等，以帮助学生更好地了解创业项目的可行性。

（2）创新作品的社会影响力分析

对于学生的创新作品，评价体系关注其在社会上的影响力。通过对创新作品的社会影响力进行详细分析，可以更好地评估创新创业培养计划的社会价值。

（3）实践成果对学业的补充性评价

评价体系还会考察创新创业实践成果对学生学业的补充性。通过实践经验的积累，学生能够更好地理解课堂知识，为将来的职业生涯发展奠定坚实的基础。

这样全面的评价体系能够更好地支持教育机构对学生学业、教学质量和创新创业实践的全面评估，并为制定改进策略提供科学的依据。

（二）动态调整教育策略

1. 实时监测学生学习进展

（1）定期学业评估的必要性

教育评价体系通过定期的学业评估，确保学生的学习进展能够被实时监测。这种评估不仅注重学科知识的掌握，还包括对学生的实际能力和创新思维的培养。通过定期反馈，教育机构可以迅速发现学生的学习问题，为学业进步提供有针对性的帮助。

（2）反馈机制的建立与优化

建立健全的学业反馈机制，这包括学科成绩、实践项目评价、导师评价等多方面的信息。同时，通过科技手段，如在线学习平台和学生学习档案系统，实现学生学习进展的实时监测。这样的反馈机制有助于及时调整教学策略，提高学生的学习体验和学业成绩。

（3）个体差异的关注

教育评价体系通过对学生学习进展的差异化分析，注重关注学生个体的发展需求。通过了解不同学生的学科偏好、学科优势和劣势，教育机构可以为每位学生提供个性化的学业辅导，确保学生全面发展。

2. 灵活调整教学计划

（1）数据驱动的课程调整

通过实时监测学生学习进展的数据，教育机构能够进行数据驱动的课程调整。这包括根据学生的学科偏好和能力水平，优化课程设置，提供更具吸引力和实用性的课程，以提高学生的学科兴趣和学习动力。

（2）教学方法的灵活运用

实时监测数据的反馈可以帮助教育机构更灵活地运用不同的教学方法。通过了解学生对不同教学方法的反应，教育机构可以有针对性地调整教学策略，以提高教学效果。

（3）课程内容的及时更新

关注行业发展趋势，实时了解社会需求变化，并及时更新课程内容。这样的调整确保教育机构培养出的学生具有最新的知识和技能，更好地适应未来职业市场的需求。

3.关注社会需求的变化

（1）与企业和社会的紧密联系

教育评价体系通过紧密地建立与企业和社会的联系，及时了解行业的发展需求。通过与企业合作、参与行业咨询，教育机构可以更深入地了解未来社会对人才的需求，为调整教育策略提供有力的支持。

（2）新兴技术和行业趋势的分析

通过对新兴技术和行业趋势的详细分析，教育机构可以更好地调整课程设置，确保培养出的学生具备未来社会所需的专业技能。这种前瞻性的分析有助于教育机构更好地满足社会对人才的期待。

（3）课程更新的及时性

教育评价体系通过对课程设置的实时监测，确保课程内容能够及时更新。这不仅包括新兴技术和学科的引入，还包括实践项目的调整，以保证学生接受的教育是具有实际应用价值的。

（三）强化质量保障机制

1.全程监控教育过程

教育评价体系的实践应用在全程监控教育过程方面具有关键性的作用。为确保教育过程的质量和效果，而建立全程监控机制是至关重要的。该机制通过对教育的各个环节进行实时监测和评估，旨在全面了解和把握教育活动的各个维度，从而及时发现并解决潜在的问题。

全程监控的核心在于对整个教育过程的细致观察，这包括但不限于课程设计、教学实施、学生学业进展、实践环节，以及毕业后的职业发展等方面。通过对这些环节的监测，教育机构可以深入了解教学的实际执行情况，及时发现并纠正存在的问题，从而提升整体的教育质量。

在实践中，全程监控机制的建立需要运用先进的信息技术手段，如学生学籍管理系统、在线教学平台等。这些工具不仅能够实现对学生学业成绩、参与活动、实习实践等数据的实时收集，还能够为教育管理者提供数据分析和报告功能，帮助他们更好地理解教育过程中的关键问题。

全程监控教育过程的另一个重要方面是对教育质量的持续评估。这种评估不仅关注学生的学科成绩，还包括对教学方法、课程设计、教师表现等多个层面的评估。通过定期的评估活动，教育机构可以建立起持续改进的机制，及时调整教育策略和教学方法，确保教育过程的适应性和高效性。

全程监控教育过程也有助于建立反馈机制，使教学活动能够更好地迭代和演进。通过对学生、教师以及其他参与方的反馈收集，教育机构能够深入了解各方对教育过程的感受和期望，为改进提供更为明确的方向。

全程监控教育过程是教育评价体系实践应用的一个核心环节。通过该机制的建立和实施，教育机构能够更好地了解和应对教学中的各类挑战，从而提升整体的教育质量和效果。这一实践对于构建更为科学、适应性强的教育评价体系具有重要的学术参考价值。

2. 制度性文件的规范管理

强化质量保障机制的实现离不开规范的制度性文件的规范管理。制定这些规范的制度性文件是为了明确教育质量保障的各个环节，从而确保教育活动的规范运行和质量稳步提升。这一过程需要覆盖教育的方方面面，包括但不限于课程设置、教学计划、教师培训等多个层面。

首先，规范的制度性文件应当涵盖课程设置。在制定这些制度性文件时，需要详细规定课程设置的流程、标准和相关要求。这包括确定课程的学科结构、学时安排、实践环节等方面，以及确保课程内容与培养目标的一致性。通过规范的制度性文件管理，教育机构可以建立课程设置的科学、合理和适应性标准，为学生提供更为完善的学科体系。

其次，规范的制度性文件也应当覆盖教学计划的制订。这包括明确每学年度的教学计划编制程序、计划的内容要求、对各专业的要求等。规范的制度性文件有助于确保每学年度的教学计划与教育机构的整体发展战略相契合，同时保障各专业培养目标的实现。这为教育机构提供了制订全面且合理的教学计划的依据。

除此之外，规范的制度性文件还应当涵盖教师培训的方面。规范的制度性文件可以明确教师培训的内容、方式、频次以及评估机制等。通过这些规范的制度性文件，教育机构能够确保教师在教育理念、教学方法和创新创业知识方面得到充分的培训和支持，以提高整体教学水平。

规范的制度性文件的建立和管理是强化质量保障机制的重要环节。这些文件的规范性有助于提升教育的透明度、科学性和可操作性，为教育评价体系的有效实施提供了可靠的制度基础。这一规范管理的实践对于提高教育机构的管理水平和教育质量具有显著的学术参考价值。

3.经验总结与不断完善

评价体系的实践应用不仅仅是一个单一的过程，更是一个反馈与改进的不断循环过程。为了确保评价的持续性和有效性，教育机构需要将收集到的数据和经验进行深度总结，从中提炼出可行的改进措施，并在实践中不断完善质量保障机制。

首先，实践应用的过程需要通过定期召开教育质量分析会议来促进沟通与分享。这种会议不仅是一个信息传递的平台，更是一个知识和经验共享的机制。在这个过程中，相关人员可以分享成功的经验，介绍有效的教学方法，共同探讨在实际教育过程中发现的问题。这有助于形成共识，提高整体团队的执行力和应变能力。

其次，会议中的经验分享和问题发现可以为改进措施的提炼提供重要依据。对成功案例的深度分析可以识别出共性的教学优势和创新创业培养计划的成功之处。同时，对问题的深入讨论可以帮助定位到教育质量保障机制中的短板，为下一步的改进提供具体的方向。

再次，通过定期地总结与反思，教育机构能够形成一个逐步完善的质量保障机制。总结应该着眼整个评价体系的运行效果，这包括学生学业成绩的提升情况、教学质量的改进程度以及创新创业培养计划的实际效果等多个方面。通过总结，机构可以发现已经取得的成功，并从失败中吸取经验与教训，为质量保障机制的不断优化提供经验支持。

最后，不断完善的过程是一个动态的、持续的工作。在实践应用的过程中，机构需要敏锐地捕捉到这些变化，及时调整和改进质量保障机制。这也需要建立一个灵活的反馈机制，使机构能够及时了解到教育过程中的各种问题，并能够快速做出反应。

（四）推动创新创业教育实践

1.创新创业环节的实时监测

创新创业教育的实践环节在评价体系中的应用，关键在于实时监测学生在创新创业领域的表现。这一监测工作是评价体系的一个重要组成部分，旨在通过及时获取学生的参与情况和实践成果，为教育机构提供有效的反馈信息，以调整培养计划，提升创新创业教育的实效性。

首先，实时监测需要覆盖学生参与创新项目的全过程。这包括对学生创新项目的积极程度、参与深度、项目实施效果等多个方面的数据收集。建立项目档案和学生档案可以实时记录学生的参与情况，其包括项目选择、团队合作、创意提出和解决问题的能力等方面。

其次，创业实践的成果也需要进行实时监测。这一过程不仅包括创新项目的最终结果，还涉及学生在创新创业过程中的自我成长和专业素养的提升。设立创业成果评估体系可以全面评价学生的创新创业实践，这包括项目的商业可行性、市场竞争力以及对社会的影响等方面。

在实时监测的基础上，评价体系需要建立有效的反馈机制。这一机制应当能够及时将监测结果反馈给相关教师、学生和教育管理者，以便及时发现问题、总结经验，并在下一轮创新创业培养计划中作出调整。这种循环的反馈机制有助于不断提升创新创业教育的实际效果，确保培养计划与实际需求和市场趋势保持一致。

创新创业教育的实时监测是评价体系在实践应用中的关键环节，能够为教育机构提供及时、准确的信息，从而使创新创业培养计划更加贴合学生需求和社会要求。这一实践路径的深入研究对于推动创新创业教育质量的提升和学生能力的全面发展具有重要的学术参考价值。

2. 引入创新教学方法

教育评价体系的实践应用需要积极引入创新教学方法，以激发学生的创新创业精神。在推动教学方法的创新方面，关键在于鼓励教师尝试新颖的、富有创意的教学方式，并通过评价体系对这些方法进行全面的效果评估，以明确哪些方法更适合培养学生的创新能力，从而推动整个教育过程的创新。

首先，引入创新教学方法需要建立灵活多样的教学模式。教育机构应该提供教师更多的自主权，让他们有机会尝试不同的教学方法，这包括但不限于项目驱动式学习、案例教学、跨学科教学等。这种多元化的教学模式能够更好地满足学生个性化的学习需求，培养他们的创新思维和解决实际问题的能力。

其次，评价体系应当充分考量创新教学方法的实际效果。定期的评估和监测可以客观地衡量不同教学方法对学生学术成绩、实践能力和创新意识的影响。这种效果评估应当综合运用定性和定量的方法，以确保评价的全面性和科学性。

教育评价体系的实践应用还需强调教师的专业发展。教师在尝试创新教学方法时，应该得到相关培训和支持。评价体系可以通过考察教师的专业发展计划、教学反馈、学科研究成果等方面，全面了解教师在创新教学方面的表现，从而为教师提供更有针对性的发展支持。

最后，评价体系还需要引入学生的反馈机制。收集学生对不同教学方法的感受和看法可以更好地了解学生的学习体验，为教师提供改进的建议。这种学生参与的评价体系不仅能够促进教学方法的创新，还有助于建立良好的教师—学生互动关系。

在实践中，引入创新教学方法是教育评价体系促进创新创业教育的关键环节之一。这一举措有助于打破传统的教学模式，激发学生的创新潜能，提高他们的解决实际问题能力，从而更好地满足社会对创新型人才的需求。

3. 项目导向的实践项目

在推动创新创业教育的实践过程中，项目导向的实践项目具有特殊的重要性。评价体系应该有针对性地关注这些实践项目的多个方面，包括设计、学生的参与度以及项目的实际产出等。对这些关键要素的综合评估可以为教育机构提供改进实践环节的方向，从而更有效地提高学生的实际应用能力。

首先，评价体系应关注项目设计的科学性和实际性。科学的项目设计应当符合创新创业教育的培养目标，充分考虑学科知识与实际应用的结合，确保项目既具有学术深度又具备实践价值。评价体系可以通过审查项目设计的文档、教学大纲以及相关材料，对项目的设计进行科学和合理性的评估。

其次，学生的参与度是项目导向实践项目的关键。评价体系应该通过考察学生在项目中的参与程度、团队协作能力以及创新思维的展现等多方面，全面了解学生在实践项目中的表现。这可能涉及学生的报告、作品展示、团队合作评价等多个方面的数据收集和综合分析。

最后，评价体系还需要考察实践项目的实际产出和影响。这包括项目的可持续性、创新性成果的转化情况以及项目对学生创业能力的培养效果等。通过对实际产出的评估，评价体系可以更具体地了解实践项目对学生的实际影响，为项目的调整和优化提供参考依据。

在实践项目评价的过程中，需要综合运用定性和定量的方法，以确保评价的全面性和科学性。通过这种方式，评价体系能够更好地促进创新创业教育的实践环节的不断提升，以更好地满足学生的实际需求，从而为社会培养出更具创新精神的人才。

二、效果分析与改进路径

（一）效果分析的指标体系建立

1.学生成绩

在效果分析的指标体系中，学生成绩是一个至关重要的定量指标，其分析对于评估教育过程的效果、发现教学盲区以及为教学改进提供科学的依据具有重要意义。

学生成绩是对学生在课程学习中所取得的知识和能力的一种客观衡量。通过对学生成绩的综合分析，可以全面了解教师教学的成果，发现教育过程中的强项和薄弱点。这包括学生在不同课程和不同学科领域的得分情况，以及他们在课外实践、创新创业项目等方面的表现。这样的多维度分析有助于深入挖掘学生的潜在能力，为个性化教学提供坚实的基础。

通过学生成绩的定量分析，教师可以识别潜在的教学问题。例如，如果在某一学科或某一环节学生成绩较低，可能意味着该环节的教师教学设计存在问题，需要进一步调整和优化。有针对性的教学改进可以提高学生在特定领域的学习成绩，促进他们的全面发展。

学生成绩的分析还可以帮助确定教学的成功因素。通过对高分学生和低分学生的差异性分析，教育者可以发现一些成功的教学方法和策略，为教育机构提供借鉴和推广的经验。这有助于形成良好的教学模式，提高整体的教学质量。

学生成绩在效果分析的指标体系中具有不可替代的作用。通过深入分析学生成绩的多个维度，教育机构可以更好地理解教学的实际效果，及时调整教学策略，提高学生学习的有效性。同时，学生成绩的分析也为教育研究提供了珍贵的数据，有助于不断推动教育改革和提升教育质量。

2.就业率

就业率作为评价教育质量的关键指标，在效果分析的指标体系中占据着重要的位置。定期对毕业生的就业率进行详细分析，有助于深入了解毕业生在就业市场上的表现，为调整培养计划和提高就业率提供有力的支持。

毕业生的就业率是教育质量的一个直观反映，通过对就业率的监测，教育机构可以全面了解其毕业生在职场上的竞争力。这包括毕业生就业的时间、就业的行业领域、所在地区等方面的详细数据。对这些维度的分析可以更准确地了解毕业生的职业发展状况，发现就业市场的需求变化，为未来的培养计划做出科学的调整。

同时，通过对不同专业、不同层次的毕业生就业率的比较，可以发现各专业的就业优势和劣势，为学科设置和专业规划提供参考价值。这种对比分析有助于教育机构更好地理解各专业的就业形势，优化专业设置，提高专业的社会认可度。

就业率的分析也为教育机构的改进提供了重要线索。如果发现某个专业的就业率相对较低，可以通过对该专业的培养计划、课程设置等方面进行调整，以提升毕业生在职场上的竞争力。这样的精准调整有助于提高毕业生的就业满意度，进而提升整体的教育质量。

就业率的详细分析不仅有助于教育机构全面了解毕业生的职业发展状况，还为教育改革和培养计划的优化提供了科学依据。通过深入研究就业率，教育机构可以更好地满足社会需求，提高教育在社会的影响力，促进教育质量的不断提升。

3. 创新创业项目成功率

创新创业项目成功率在教育评价体系的效果分析中扮演着至关重要的角色，其直接关系到创业培养计划的实效性。通过深入分析创新创业项目的成功率，教育机构可以全面了解创新创业教育的实际落地情况，及时调整培养计划，提高项目的成功率，从而更好地培养学生的创业精神和实际创业能力。

创新创业项目的成功率是一个直接反映创业培养计划质量的关键指标。在效果分析中，通过对创业项目的成功率进行详细分析，教育机构可以了解项目从策划到实施的全过程。这包括项目的规划、团队的组建、市场调研、资金运作等多个环节，通过对每个环节的成功率进行评估，可以找出项目实施中的薄弱环节，为改进提供针对性的建议。

成功率分析还有助于评估创新创业教育的实际效果。对成功项目的深入研究可以了解学生在实际创业过程中所取得的成果，这包括产品推广、市场份额、盈利状况等。这种深度分析有助于评价创业培养计划对学生成果的影响，为教育改革提供实际案例的支持。

实时监测创新创业项目的成功率也是推动创新创业教育的实效性的关键措施。建立实时监测机制可以及时发现项目执行中存在的问题，提前采取调整措施，以确保项目的顺利实施。这种及时反馈机制对于创新创业教育的精细化管理和优化至关重要。

创新创业项目成功率的详细分析为教育机构提供了深入了解创业培养计划实效性的机会。通过对项目成功率的评估，教育机构可以不断改进培养计划，提高学生的创业能力，促进创新创业教育的可持续发展。

4. 学生满意度

学生满意度是衡量教学服务质量的重要定性指标，通过定期进行学生满意度调查，可以全面了解学生对教学环节、课程设置、教师水平等方面的满意程度，为教育机构提供直接而有价值的反馈信息，从而促进教育质量的提升。

学生满意度调查作为教育评价体系中的关键环节，为了更好地了解学生对教学服务的感受和看法，教育机构需要设计合理的调查问卷，其调查问卷需覆盖多个方面，包括但不限于教学内容、教学方法、教师素质、实践环节、设施设备、学习资源等。这些详细而全面的调查项目可以获取学生在不同方面的满意度反馈，进而帮助教育机构发现问题、改进不足之处。

学生满意度的定期调查可以建立起长期的监测机制，以追踪学生对教育服务的满意度变化趋势。这有助于发现满意度的季节性、年度性波动，及时对可能的问题做出反应和调整。定期调查还能帮助教育机构持续改进教学服务，提升学生教学体验，确保教育质量的稳步提升。

学生满意度调查的结果不仅对内部管理和改进有着积极的促进作用，同时对外部管理也具有一定的社会效益。公开透明的学生满意度数据有助于提高教育机构的社会声誉，吸引更多优秀学生和教职人员加入，促使教育机构不断提升教育服务水平。

学生满意度调查是一项有效的定性评价手段，为提升教育服务水平、满足学生需求、促进教育质量的全面提升提供了重要的反馈和数据支持。通过充分利用学生满意度调查的结果，教育机构能够更好地实现持续改进，确保提供高质量的教育服务。

（二）数据挖掘与模型分析

1. 建立关联模型

在教育评价体系的实践应用中，建立关联模型是通过运用数据挖掘技术深入挖掘各指标之间的关系，以便更全面理解教育质量和效果的方法。这一过程不仅涉及指标间的数量关系，更包括对内在影响因素的深入挖掘，为制定改进路径提供科学的参考依据。

首先，数据挖掘技术可以将各指标的数据进行整合和分析。这涵盖了学生成绩、就业率、创新创业项目成功率、学生满意度等多维度的数据。建立关联模型的过程中，可以采用多种数据挖掘算法，如关联规则挖掘、聚类分析、回归分析等，以探索各指标之间的潜在关系。

其次，关联模型的建立有助于深入了解各指标之间的相互影响。例如，通过挖掘学生成绩和创新创业项目成功率之间的关系，可以发现学习表现与实际应用能力的关联程度。这样的分析有助于揭示培养计划在学术和实践方面的优势和不足之处。

关联模型也能够帮助识别潜在的影响因素，为改进路径的制定提供更为科学的依据。对模型结果的深入解读可以识别出对于提高学生成绩、就业率等指标有关联的重要因素，从而为制定有针对性的改进措施提供科学指导。

最后，建立关联模型是一个动态过程，需要不断优化和更新。随着教育环境和社会需求的变化，关联模型需要及时调整以保持其准确性和适用性。这种动态的数据分析过程有助于保持评价体系的灵活性，确保其能够有效应对不同阶段的需求和挑战。

建立关联模型是教育评价体系实践应用的重要环节，通过深入挖掘各指标之间的关系，可以更全面地理解教育质量和效果，为制定科学、有针对性的改进路径提供支持。

2. 预测模型的建立

在教育评价体系的实践应用中，建立预测模型是一项重要的任务，通过利用数据挖掘方法，这一模型有助于预测未来的教育效果，提前发现潜在问题，并为教育机构提供及时的改进建议。

首先，预测模型的建立涉及数据的收集和整合。教育评价体系中涉及的多维度指标，如学生成绩、就业率、创新创业项目成功率等，都是重要的数据源。通过有效的数据收集和整合，可以建立一个全面的、动态的数据库，为建模提供充足的数据支持。

其次，建立预测模型需要选择适当的数据挖掘算法。常见的数据挖掘算法包括决策树、神经网络、支持向量机等。根据具体问题的性质和数据的特点，选择合适的算法进行建模。例如，可以使用决策树算法来预测学生成绩与不同因素之间的关系，或者使用神经网络来探索就业率与各项影响因素的复杂关联。

在模型建立的过程中，特别需要关注模型的解释性和可解释性。一个好的预测模型不仅能够准确地预测未来的教育效果，还能够解释为什么会产生这样的结果。这有助于决策者更好地理解问题的本质，为制定改进策略提供更有针对性的建议。

最后，预测模型的建立是一个动态过程，需要不断地进行验证和调整。通过对模型进行反复测试和验证，可以不断提高其预测的准确性和稳定性。随着时间推移，模型需要及时调整以适应不同阶段的教育需求和变化。

3. 综合分析模型

建立一个综合分析模型是教育评价体系实践应用的核心任务之一。通过将各个指标纳入考量，实现全面的效果分析，这一综合模型有助于厘清各因素之间的复杂关系，为教育机构制定全面的改进策略提供科学支持。

首先，综合分析模型的建立需要充分考虑教育评价体系中涉及的各项指标的权重分配。不同指标在评价教育效果中的重要性不同，因此，权重分配可以更准确地反映各项指标对整体效果的贡献程度。例如，学生成绩、创新创业项目成功率等指标可能对整体教育效果有着不同的影响程度，所以需要根据实际情况进行权衡和调整。

其次，建立综合分析模型需要考虑各项指标之间的相互关系。这包括正向关系和负向关系的分析，以及交叉影响因素的综合考虑。例如，学生成绩和学生满意度可能存在正向关系，而就业率和创新创业项目成功率可能是相互影响的因素。深入挖掘这些关系可以更全面的理解不同指标之间的互动机制。

在建立综合分析模型的过程中，还需注意模型的灵活性和可操作性。模型应当具有一定的适应性，能够应对不同阶段和不同类型的教育机构的需求。同时，模型的结果应具有可操作性，为决策者提供清晰的行动指南，使其能够基于模型的分析结果进行有针对性的改进措施。

最后，综合分析模型的建立不是一劳永逸的任务，而是一个动态的过程。模型需要不断根据实际情况进行修正和更新，以适应教育环境的变化。定期地评估和调整是维持模型持续有效的关键。

建立一个全面的综合分析模型是教育评价体系实践应用的关键步骤。通过权重分配、关系分析、灵活性设计和不断更新，这一模型有望提供科学、全面的教育效果分析，为教育机构的改进提供深入的指导和支持。

（三）定期反馈与改进机制

1. 学生评教

定期进行学生评教，收集学生对课程设置、教学方法、教师表现等方面的反馈。通过学生的直接意见，教育者可以及时发现问题并解决可能存在的教学问题。

2. 教师自评

教师自评是一个重要的定性反馈渠道。鼓励教师对自己的教学进行反思和评价，可以发现教学中的优势和不足，为教学改进提供内部视角。

3. 校企合作项目实施情况

校企合作项目的实施情况是教育质量的关键体现之一。定期跟踪和评估校企合作项目的实际效果，可以了解这些项目对学生实际能力培养的影响，为调整合作方向提供参考依据。

（四）社会效果与可持续发展

1. 毕业生社会贡献度

教育的社会效果的评估不仅仅应该局限于学术成绩和就业情况，更应该通过毕业生在社会上的实际贡献度来深入了解。了解毕业生在社会中的表现，包括参与社会公益活动、创业成功等方面，有助于全面评价教育机构的社会责任和培养效果。

首先，关注毕业生参与社会公益活动的情况，可以评估教育机构培养学生的社会责任感和公民意识。参与志愿服务、社区建设等社会公益项目的毕业生，不仅展现了个人的社会责任感，也为社会做出了积极贡献。这些行为反映了教育机构培养学生全面发展、具备社会参与能力的目标的实际成果。

其次，关注毕业生创业成功的案例有助于评价教育机构的创新创业培养效果。创业不仅是对知识的应用，更是对创新精神和实际能力的考验。了解毕业生中创业成功的个案，不仅可以评估创新创业教育的实际效果，也为教育机构提供了调整和改进培养计划的依据。

最后，关注毕业生在专业领域的实际贡献度，如在科研、技术创新等方面的成就，有助于评估教育机构的学术水平和专业培养效果。毕业生在相关领域的实际贡献度可以作为衡量教育机构培养高水平专业人才的关键指标，同时为提高教育质量提供重要参考价值。

2. 校友的终身学习能力

教育机构的可持续发展不仅关注毕业生的短期成就，更需要考虑校友的终身学习能力。跟踪校友在学术研究、职业发展等方面的情况，可以全面评估教育机构对校友终身学习的影响，这是教育评价体系中的一个重要维度。校友的终身学习能力是评估教育机构培养质量和影响力的重要指标之一。

首先，追踪校友在学术研究领域的表现，可以了解教育机构在培养学术精英和科研人才方面的实际效果。校友在相关领域的持续学术贡献和研究成果，反映了教育机构的学术传承和培养深度思维的能力。

其次，关注校友在职业生涯中的继续学习和专业发展。终身学习不仅是在校时期的学术学习，还包括在职场中不断提升自己的专业技能和适应新兴领域的能力。了解校友在职业生涯中的继续学习经历，可以评估教育机构对学生实际职业发展的支持力度。

最后，校友在各类培训、进修课程中的参与情况也是评估终身学习能力的一个重要方面。教育机构通过提供多样化的学习机会，鼓励校友不断充实自己的知识体系，培养他们在面对新挑战时具备更强的学习能力和适应能力。

3. 教育机构的社会声誉

教育机构的社会声誉是影响其可持续发展成功的关键因素之一。社会声誉反映了机构在社会中的形象和地位，它直接关系到招生、合作伙伴关系、资金支持等方面。因此，通过对外界对教育机构的评价、媒体报道等进行监测，可以全面了解社会对该机构的认可程度，为提升社会声誉制定改进策略提供科学依据。

首先，社会声誉的监测可以通过定期收集和分析外界对教育机构的评价和反馈来完成。这包括学生、家长、校友、雇主等各方的意见，以及媒体对学校活动和成就的报道。通过综合这些信息，教育机构可以了解社会对其教学质量、学术研究、社会责任等方面的看法，并且发现公众关注的焦点和机构形象存在的问题。

其次，关注媒体的报道是评估社会声誉的重要途径。教育机构在各类媒体上的曝光度、报道内容的正面性和负面性都直接影响社会对机构的认知。通过对媒体报道的分析，机构可以了解公众关注的重点和对机构的评价，及时回应和调整相关策略。

最后，监测教育机构在社交媒体平台上的声誉表现也是必要的。社交媒体已成为信息传播和社会互动的主要平台，公众可以在这里表达对教育机构的看法。通过分析社交媒体上的舆论，机构可以深入了解社会对其的态度和期望，从而有针对性地改进自身形象。

4.社会影响力的定量评估

社会影响力的定量评估对于衡量教育机构在社会中的地位和影响至关重要。采用定量方法，通过统计相关数据来全面了解教育机构在社会中的影响，可以借助多个维度的指标进行评估，其中包括校友的职业发展、学术成就的影响力等。

首先，可以通过跟踪校友在各行业担任高级职务的比例来评估教育机构在社会中的社会影响力。高级职务的担任比例反映了毕业生在职业领域的认可度和卓越表现。这种定量化数据能够直观地展现教育机构培养的人才在社会各个领域的影响力，进而评估机构的社会声望。

其次，学术成就的影响因子也是评估社会影响力的重要指标。对教育机构教师和研究人员在学术领域的成就进行量化，如发表高水平论文、获得学术奖项等，可以客观地反映教育机构在学术研究方面的贡献和地位。这些数据能够衡量教育机构在学术界的声誉和影响力，为社会影响力的评估提供了有力的支持。

最后，可以考察教育机构的科研项目和实际应用项目在社会中的实际影响。定量分析项目的成果对社会产生的实际效益，如解决社会问题、推动产业发展等，进一步评估机构在社会创新和社会问题解决方面的贡献度。

综合以上多个维度的定量数据，可以建立一个全面的评估模型，从不同角度深入了解教育机构在社会中的影响力。这种定量评估方法有助于机构更客观、准确地了解自身的地位和社会影响，为未来的发展战略提供科学依据。这样的评估体系还能够促使教育机构在各个领域持续提升，从而更好地履行社会责任，推动社会进步。

第八章

大学生创新创业教育未来发展趋势

一、技术与社会变革对创新创业教育的影响

（一）前沿科技的崛起与创业者要求的提升

1. 科技对产业结构的深刻改变

未来大学生创新创业教育将受到前沿科技的深刻影响，其中人工智能、大数据、云计算等新兴技术的崛起将引领产业结构面临巨大的变革。这不仅对创业者提出更高的技术要求，也使创新创业教育面临新的挑战和机遇。

2. 课程内容的调整与科技知识的引入

在这一背景下，创新创业教育需要紧跟科技发展趋势，不断调整课程内容。引入最新的科技知识成为必然选择，以确保学生具备对未来科技发展趋势的深刻洞察力。创业者必须熟练掌握人工智能、大数据等技术，因此培养学生的技术能力成为创新创业教育的核心目标。

3. 学生的敏感性与创新能力的培养

学生需要培养对技术创新的敏感性，能够迅速理解和适应新技术的应用。创新创业教育应强调实践性的学习，通过项目实战培养学生在科技创新领域的实际操作经验。除了技术技能，学生还需培养解决实际问题的创新能力，使其在未来创业中更具竞争力。

（二）可持续发展与绿色经济的重要性

1. 可持续发展理念的引入

社会的可持续发展和绿色经济的崛起将成为未来创新创业的关键方向。在这一趋势下，创新创业者需要更多地关注环保和社会责任。创新创业教育必须强化对可持续发展理念的培训，引导学生在创业过程中注重社会和环境的可持续性。

2. 环保创业的培训

为适应这一巨大变革，创新创业教育需要在课程中加入与环保创业相关的培

训，使学生具备在可持续发展背景下创业的能力。这可能包括对清洁技术、循环经济和绿色能源等领域的深入了解，以及如何将环保理念融入商业模式的培训。

3.学生社会责任感的培养

大学生应该被教育成具有社会责任感和环境友好理念的创业者。创新创业教育需要通过案例研究、讨论和实践项目等方式，培养学生在创业过程中注重社会责任和环境友好的意识。这将有助于培养未来创业者在经营中考虑社会和环境的全球影响。

二、国际创新创业教育发展趋势的借鉴与应对

（一）跨文化、跨学科的融合

1.国际经验的引入与创新思维培养

国际创新创业教育的成功经验对中国大学生创新创业教育的借鉴具有深远的意义。未来创新创业教育更加强调跨文化、跨学科的融合，大学应积极引入国际化的课程，让学生接触不同文化、学科的创新思维和方法。通过借鉴国际经验，培养学生在不同文化环境中灵活应对的能力，提高其全球视野和跨文化沟通能力。

2.课程设计与教学方法的调整

为应对国际趋势，创新创业教育需要进行课程设计和教学方法的调整。引入国际课程，突破传统学科边界，培养学生的跨学科思维。通过国际案例分析、团队项目合作等方式，激发学生的创新潜力，使其能够更好地适应全球化创业环境。

3.国际化视野的培养

借鉴国际创新创业教育的经验，大学应该通过开设国际化的实践课程、组织国际研讨会等方式，培养学生的国际化视野。这有助于拓宽学生的思维广度，使其能够更好地理解和适应全球化背景下的创新创业挑战。

（二）国际合作与交流的推动

1.建立国际性创业孵化器与合作办学项目

国际合作与交流是国际创新创业教育的重要组成部分。大学可通过建立国际性的创业孵化器、合作办学项目等方式，为学生提供更广泛的资源和机会。创业孵化器可以成为学生切实体验国际创业的平台，而合作办学项目则能为学生提供与国际优秀学子互动学习的机会。

2. 多元文化背景下的创业团队建设

国际合作的推动也涉及多元文化背景下的创业团队建设。大学可以通过促进国际学生之间的交流合作，组建具有多元文化视角的创业团队。这有助于学生更好地理解和适应全球市场，提高团队的创新力和国际竞争力。

3. 学术资源共享与合作研究

国际合作不仅限于学生，还包括学术领域。大学可以积极推动国际的学术资源共享，建立与国际知名学府的合作研究项目。这有助于提升学校的国际学术声誉，同时为学生提供更广阔的学术交流平台。

（三）全球创新创业项目的参与

1. 鼓励积极参与全球项目

在国际创新创业教育趋势中，大学应鼓励学生积极参与全球创新创业项目。这种项目不仅可以提供实践机会，而且锻炼学生在跨文化背景下解决问题的能力，增强其国际竞争力。通过参与全球项目，学生能够拓宽视野，获得更广泛的国际化资源，培养在全球创业领域的适应力和领导力。

2. 解决实际问题与社会责任的结合

全球创新创业项目的参与要注重解决实际问题与社会责任的结合。学生在项目中应当关注全球性问题，如环境污染、气候变化等，通过创新的方式提出切实可行的解决方案。这不仅有助于培养学生的创业精神，还能够使他们成为具有社会责任感的创业者。

3. 国际性导师团队的支持

为了更好地引导学生参与全球创新创业项目，大学可以建立国际性导师团队。这样的团队不仅可以提供丰富的国际经验和资源支持，也可以帮助学生更好地理解和应对全球创业的挑战。导师团队的建设需要吸引来自不同国家和领域的专业人士，以确保学生能够获得多方面的指导和支持。

参考文献

[1] 李莹莹, 张宏梅, 张海洲. 疫情期间大学生网络学习满意度模型建构与实证检验——基于上海市 15 所高校的调查 [J]. 开放教育研究, 2020, 26（4）: 102-111.

[2] 孙建, 毛明明. 计量经济学课程满意度 SEM 分析——以重庆工商大学为例 [J]. 时代教育, 2015（3）: 34-35.

[3] 周海银. 普通高校课程建设的向度——基于山东省普通高校毕业生课程满意度的调查 [J]. 教育研究, 2015, 36（10）: 37-46.

[4] 初铭畅, 熊晓路, 冯静. 学生课程满意度的影响因素研究 [J]. 辽宁工业大学学报（自然科学版）, 2019, 39（1）: 68-70.

[5] 黄兆信, 黄扬杰. 创新创业教育质量评价探新——来自全国 1231 所高等学校的实证研究 [J]. 教育研究, 2019, 40（7）: 91-101.

[6] 黄东升, 刘武军. 应用型高校创新创业课程实施的学生满意度调查 [J]. 创新与创业教育, 2018（6）: 1-4.

[7] 杜建群, 杜尚荣. 大学生创新创业课程的价值取向与目标定位 [J]. 教育研究, 2018, 39（5）: 63-66.

[8] 王海亮, 刘祚祚. 新时代大学生创新创业教育实践课程体系构建 [J]. 吉林师范大学学报（人文社会科学版）, 2021, 49（6）: 103-109.

[9] 张翔, 杨川. 高校创新创业教师的素质要求及培育路径 [J]. 教育研究, 2018, 39（5）: 66-69.

[10] 张晨阳, 梅汉成. 高校创新创业教育: 问题、对策及保障措施 [J]. 东南大学学报（哲学社会科学版）, 2020, 22（S1）: 114-117.

[11] 宫福清, 闫守轩. 英国大学创业教育课程特色与启示 [J]. 现代教育管理, 2016（8）: 84-88.

[12] 仇存进. 我国高校创新创业教育课程体系研究 [J]. 江苏高教, 2018（11）:82-85.

[13] 陈晓红，刘国权，胡春华，等.地方商科院校创新创业教育课程质量提升路径研究 [J].中国大学教学，2018（3）：67-70.

[14] 杜建群，杜尚荣.大学生创新创业课程的价值取向与目标定位 [J].教育研究，2018，39（5）：63-66.

[15] 丁钢.高校创业课程的理实一体化递进模式 [J].江苏高教，2017（3）：71-75.

[16] 朱峰，张健.大学生创新创业教育体系的构建与思考 [J].中国高校科技，2017（8）：83-85.

[17] 兰华.高校创新创业教育探索 [J].继续教育研究，2017（6）：28-30.

[18] 陈强胜，高俊山.中美高校创业教育的比较及启示 [J].湖北社会科学，2018（9）：147-151.

[19] 李芳.美国创业教育的模式对高校创业教育的启示 [J].当代教育实践与教学研究，2018（10）：141-142.

[20] 张漫.美国高校创业教育特色及启示 [J].黑龙江教育（高校研究与评估），2018（5）：60-61.

[21] 谢羚，葛玉良.校友资源开发视域下国内外高校创新创业教育比较探究 [J].中国大学生就业，2018（8）：38-43.

[22] 谈晓辉，张建智，关小舟，等.大学生创新创业教育体系研究与探索 [J].创新与创业教育，2015（5）：25-27.

[23] 刘坤，李继怀.创新创业教育本质内涵的演变及其深化策略 [J].黑龙江高教研究，2016（1）：117-120.

[24] 张薇，胡雪梅，李志广.中国创新创业教育研究热点及前沿分析 [J].创新与创业教育，2021（4）：1-7.

[25] 李莉.推动高校创新创业教育与区域经济融合发展 [N].中国社会科学报，2021-09-16.

[26] 李明.高校专创融合教育体系及实践平台建设研究 [J].黑龙江教育（高教研究与评估），2021（9）：15-16.

[27] 赵金.加强高校创新创业教育的策略 [J].吉林工商学院学报，2021，37（4）：127-128.

[28] 马乐元.创新创业教育与专业教育融合的人才培养模式研究 [J].黑龙江教师

发展学院学报，2021，40（8）：10-13.

[29] 王堃.我国高校创新创业教育实践探索——评《新时代高校创新创业教育理论与实践》[J].领导科学，2021（18）：2.

[30] 杨冬.我国高校创新创业教育政策变迁的轨迹、机制与省思[J].高校教育管理，2021，15（5）：90-104.